山に登る前に読む本

運動生理学からみた科学的登山術

能勢 博 著

ブルーバックス

カバー装幀／芦澤泰偉・児崎雅淑
カバー写真／（C）後藤昌美／アフロ
本文図版／さくら工芸社
本文・目次デザイン／土方芳枝

はじめに

登山は若いころの「憧れ」を思い出させるスポーツである。私の住む安曇野から北アルプスの山々を眺めていると、若いころの記憶がよみがえり「また挑戦したい」と思う。

登山の魅力は、未知のことに「挑戦」し、あらかじめ起こるであろう困難を想定して、その準備をしてから出かけ、それがうまくいったときの喜びを味わうことだ。それは、私の専門の生理学において、作業仮説を持ち、そのための実験プロトコールを組み、仮説を検証するという過程に似ている。

たとえば、ある山に登ろう、と決心したとき、体力はどれくらい必要で、水と食料はどれくらい持って行けばいいのだろう、などが気にかかるはずだ。体力とは自動車のエンジンのようなもので、自分のエンジンが大型なのか小型なのかを理解しておくことはとても大切だ。さらに、山の気温はどれくらいで、衣服はどれほど持って行けばいいのか、食料、水はどうかも気になる。どうしても、それらを余分に持って行きたくなるが、荷物が重くなると、登山どころではなくなる。あれこれ考えていると面倒くさくなって、経験のない人の多くは登山をあきらめてしまう。

あるいは、もう少し未練のある人は経験のある人に連れて行ってもらうことを選ぶかもしれない。しかし、それでは、たとえその山に登ったとしても、本当に登ったことにならない。やはり、自分で考えて準備をしないと挑戦したことにならないし、それを達成したときの満足感も自信も得られない。

本書は、著者の経験を中心に、登山というスポーツを著者が専門とする環境・運動生理学の立場から科学的に解説したもので、皆さんに「挑戦的な」登山をしてもらうための指南書である。この本の内容をよく理解し、それを参考に登山の準備をすれば、これまでの登山がもっと楽しいものになるし、もっと高い山へ挑戦しようという気にもなるだろう。そして、その過程で得た自信は、皆さんの人生をより充実したものにするはずだ。

いうまでもなく、登山で最も重要なことは安全である。最近は中高年者の登山事故が増えているが、その原因には「自分の体力を自覚していない」「登山というスポーツのキツさを知らない」、そして「自分の体力に合った登山計画を立てられない」といったことがあげられる。これらの対策をすれば、事故はもっと減り、より安全で挑戦的な登山が可能になる。

中高年の登山事故が多いことを鑑みて、本文で取り上げる事例は中高年に関することが多い。しかし内容は、これから登山をやってみようとする若い人たちにも役立つものである。この本を読むことによって「役に立つ」生理学の面白さを理解していただければうれしいし、そして、何よりも、自らの頭で考えて、目指す山（目標）に挑戦することこそが人生だ、と思えるようになっていただければ、もっとうれしい。

２０１４年６月

安曇野から残雪の山並みを眺めながら

能勢　博

第3章 山に登るためのトレーニング

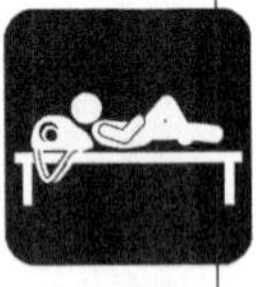

第4章 富士登山と高山病

終章 なぜ山に登るのか

［写真１］　常念岳と常念小屋

第1章

登山の生理学的理論

1

1

登山を生理学的に分析したら

「いつまでも若いつもり」は危険

つい5年ほど前の夏のことである。ある日、大学山岳部で20歳後輩のKさんから連絡があって、久しぶりに一緒に山に登りましょう、ということになった。Kさんは、学生時代、山岳部以外にもボート部に所属し、体は小さいが、屈強な体の持ち主である。どこの山がいいか、という話になって、信頼できるKさんも一緒だし、私は体力的にちょっと冒険だけど、学生時代に仲間とのいい思い出のある奥又白谷から前穂高岳を登ることを提案し、Kさんも二つ返事で賛成してくれた。

テントに鍋釜など荷物のほとんどはKさんが持ってくれることになり、私の荷物は少しの食料のほか、寝袋などで10kg程度。天候にも恵まれ、上高地を出発点にご機嫌の二人は一般登山者をドンドン追い抜いて行く。「俺もまだまだいけるなあ」と内心自信を持った私、途中の明神池の嘉門次小屋で蕎麦とお酒を一杯ひっかけたKさん、二人の会話は弾み、足取りはどんどん軽くなる。当初の計画では、徳澤園で宿泊する予定だったが、Kさんの「行っちゃいましょう」の一言

［写真2］奥又白の池

で、奥又白の池まで、一気に上がることになった。途中、急な上りや細い尾根があったりして「学生のころ、こんなに厳しいルートと感じたかなあ」など独り言をいいながら、奥又白の池に着いたのは夕刻、小説『氷壁』（井上靖著）で有名になったカンバの木（2世らしいが）や、前穂高東壁の岩壁群が迎えてくれた（写真2）。

　その日はそこで1泊し、翌朝、少しの荷物を持って前穂高岳の登頂を目指した。あいにく、前穂高岳直下の小さいルンゼ状の小さい沢に残雪が詰まっており、ピッケル、アイゼンを持ってこなかった私が怖がって、結局、引き返すことになった。お昼前にテントに帰ってきたが、突如、Kさんが、家に置いてきた二人の幼いお子さんたちのことが気になりだして、「今日中に下りちゃいましょう」といいだした。その言葉にしたがって、急遽《きゅうきょ》、テントをたたんで下山を開始することとなった。

出発して3時間後、Kさんに随分遅れて、私がようやく奥又白谷と一般登山道の出会いに着いたときに膝の異常に気づいた。膝を屈曲させたまま立位姿勢を保てないのだ。すなわち、立位姿勢で膝関節を完全伸展した場合を180度、完全屈曲した場合を0度とすれば、その途中、120度、60度、30度に膝関節を維持して体重を支えることができない。まるで、膝関節が操り人形のようになってしまった。その後は、Kさんにすべての荷物を持っていただき、幸い携行してきたストックを突きながら、膝を完全に伸展させたままで少し前かがみの変な格好で長時間かけて上高地までたどりついた。Kさんには大変迷惑をかけてしまった。

この原因は何だろうか。2日間の登山によって、大腿四頭筋のグリコーゲン（ブドウ糖）を枯渇させてしまったために、体重を支えるだけの張力を発揮できなくなってしまったからだと、私は考えている。すなわち、1日目、上高地から徳澤園まで7㎞の距離を、Kさんのペースにつられてかなりの速いペースで歩いたこと、同じ日に徳澤園から奥又白の池まで、800mの高度差の急な坂道を頑張って速いペースで上ったこと、2日目、前穂高岳（標高3090m）の頂上直下まで400mの高度差の急斜面を上り、同じ日に、1200mの急坂を一気に下りたことで、膝の伸展筋を酷使したことが原因だと思う。その後、2〜3日の休養と十分な食事で膝の機能は後遺症もなく完全回復した。

この経験からいえることは、いったん、筋肉内のグリコーゲンを枯渇させれば、完全に筋肉の収縮能力がなくなり、立位姿勢を維持することさえも困難になること、その回復には2~3日を要することである。それは、登山の中断、すなわち遭難につながる可能性がある。今回の奥又白谷の下山途中で膝の異常が起これば遭難騒ぎになっていたかもしれない。「いつまでも若いつもり」が最も危険であると、おおいに反省している。

このように、登山をする際は、筋肉内のグリコーゲン量を意識する必要がある。そして、できるだけゆっくりした速度で行動し、適度な頻度の休息と糖質の補給を欠かさないことが理想である。ゆっくりした速度とは、私とKさんの例からわかるように、個人の体力によって大きく異なる。実際、Kさんは、私の倍の荷物を背負い、私より速く歩いても、全く平気だったのだから。

では、なぜグリコーゲンなるものが、登山中、そんなに大切なのだろうか。その貯蔵量の個人差はどのくらいあるのだろうか。そして、グリコーゲンを枯渇させないためにはどうすればいいのだろうか。これから説明しよう。

常念岳登山実験

私が住んでいる長野県安曇野市から常念岳（標高2857m・写真1）が見える。安曇野を眼下に正三角形の山容でそびえ立つ姿は、それを一目見た人なら一度は登ってみたくなるだろう。

［写真3］常念岳登山実験

さらに、その稜線からは、上高地を眼下に、槍、穂高岳の雄姿を間近に臨むことができる。実際、一夏で数千人の方々が訪れるというのだから読者のなかには登った経験をお持ちの方もおられると思う。

信州大学医学部山岳部では1986年から27年間、毎年、この常念岳頂上直下に夏季診療所を開設し、7月20日〜8月20日ごろの約1ヵ月間、登山者の診療にあたってきた。診療所は常念小屋オーナーのご厚意によるものである。

2010年8月に、この診療所を拠点とした登山実験をおこなった。参加者は、中高年者21名（平均年齢63歳）で、男女比はほぼ半々である。参加者を募集したところ「こんな機会でもなかったら常念岳に登る機会がない」と思われたのか、意外とすんなり定員を満たすことができた。なかには、長年、麓の松本市に住みながら、初めて常念岳を登られた方もいた。その参加者の一人が65歳の男性Aさん（体重70kg）である。彼は、数年前に長年勤められた会社を定年退職され、私たちが運営する中高年を対象とした健康スポーツ教室「熟年体育大学」事業（後述）で、中心的な役割を担っていただいており、今回の登山実験でも参加者募集のとき随分お世話になった。

図1は、Aさんが自分の好きなペースで登山した際の、1分間あたりの登山に要した酸素消費量、心拍数、高度変化を記録したものである。1日目はヒエ平の登山口（標高1300m）から一ノ沢に沿って目的地の常念小屋（標高2450m）まで荷物5kgを背負って上り、2日目は、常念小屋から空身で常念岳頂上まで往復し、常念小屋で荷物5kgを背負って下山する、という行程である（写真3）。事前の体力測定では、Aさんの持久力は、その指標である最大酸素消費量で35mL／kg／分あった。これは、同年代の平均と比べて体力のある方に属する。

登山者の水分、食事はこちらで準備し、その残量から登山中の水分・エネルギー摂取量を算出した。さらに、登山口と1日目の常念小屋で体重を測定し登山中の発汗量を推定した。登山中のエネルギー消費量は携帯型活動量計の測定値から酸素消費量を推定した。さらに、登山中の心拍数の変化を携帯型心電計で記録した。なお、登山口から小屋までは1150mの高度差があるが、わかりやすくするため、以下では1000mとして計算する。

登山当日の天候は曇り、登山道は樹林帯がほとんどなのでほぼ無風、平均気温、湿度は登山口で25℃、50％、小屋到達時で10℃、50％であった。

登山はどのくらい疲れる？

図1を見ながら、Aさんの登山をたどってみよう。Aさんのような体重70kgの成人では、安静

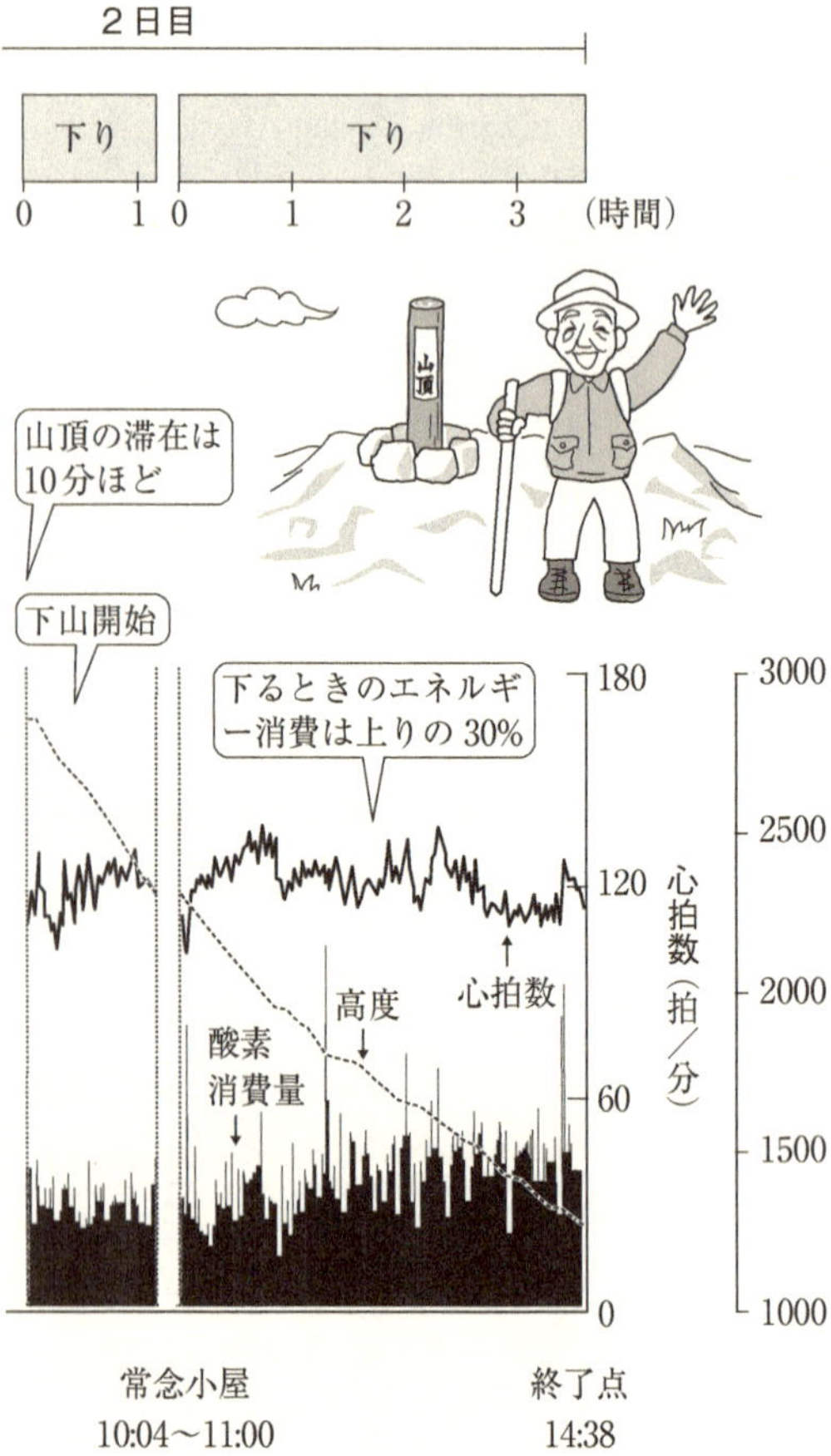

［図1］体重70kgのAさんが、荷物5kgを背負って、1泊2日で常念岳（2857m）の登山をおこなったときのエネルギー消費量（酸素消費量）と心拍数。

常念岳登山実験

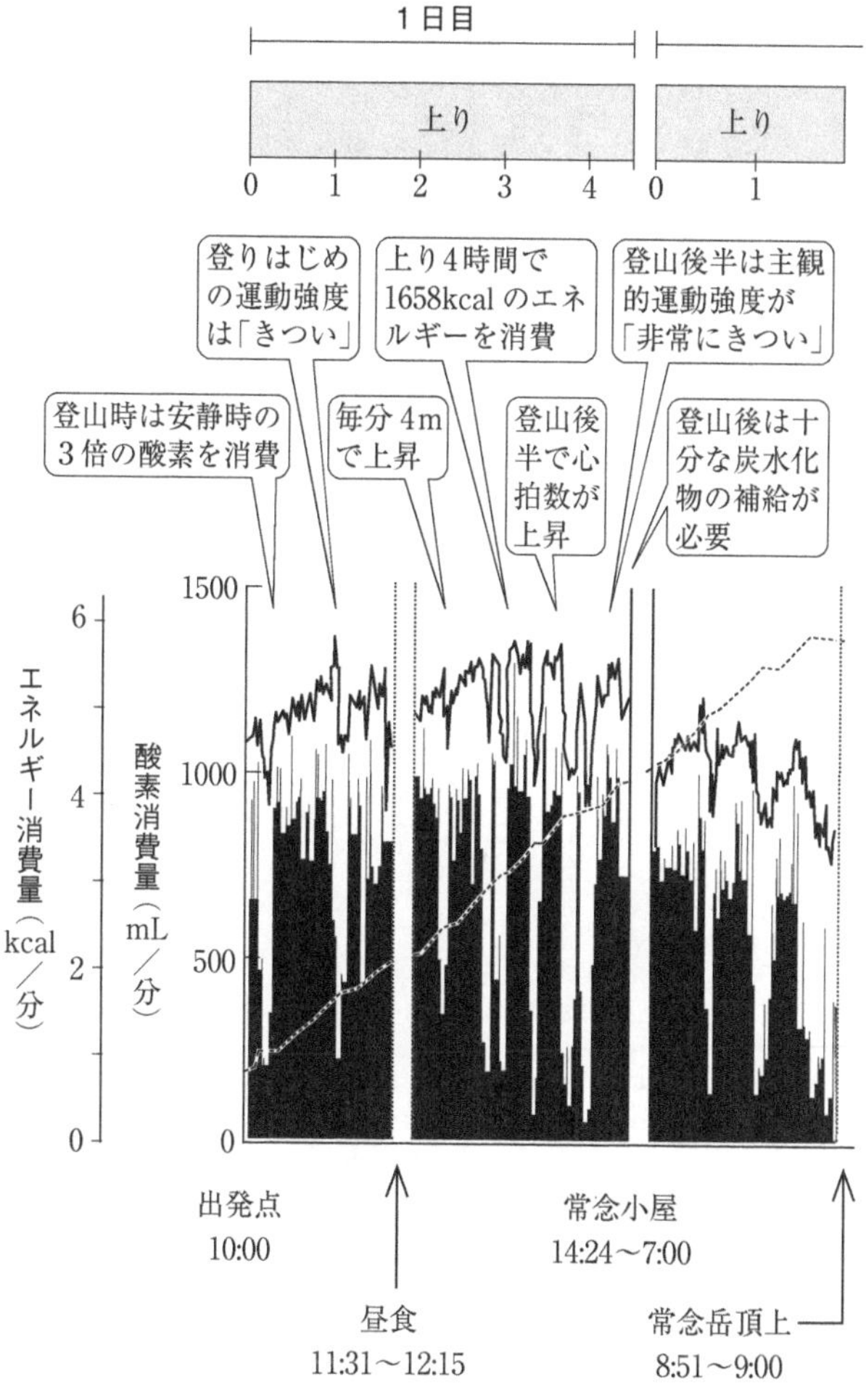
1日目
上り
上り
0
1
2
3
4
0
1
登りはじめの運動強度は「きつい」
上り4時間で1658kcalのエネルギーを消費
登山後半は主観的運動強度が「非常にきつい」
登山時は安静時の3倍の酸素を消費
毎分4mで上昇
登山後半で心拍数が上昇
登山後は十分な炭水化物の補給が必要
エネルギー消費量（kcal／分）
酸素消費量（mL／分）
6
4
2
0
1500
1000
500
0
出発点
10:00
昼食
11:31〜12:15
常念小屋
14:24〜7:00
常念岳頂上
8:51〜9:00

時の酸素消費量は1分間あたり350mLである。登山開始後、Aさんの酸素消費量は1100mLに達しているので、ほぼ安静時の3倍の酸素を消費して登山している。この数字には安静時の酸素消費量は含まれていないので、それを含めて1450mLと考えると、4倍の酸素を消費していることになる。

登山前に測定したAさんの体力の指標である最大酸素消費量は2450mLであったので、登山中の推定酸素消費量から、Aさんの運動強度が計算できる。1450mLを2450mLで割って59%となる。すなわち、1日目のAさんは、最大体力の59%の負荷で約4時間運動していたことになる。

通常、この体力の人が、1時間あたり4kmのペースでウォーキングすれば、その強度は最大体力の40%に相当する。その1・5倍の強度で運動しているのだから、1時間あたり6kmのペースで、4時間歩くことに相当する。そう考えていただければ、その運動負荷量の高さがわかっていただけるだろう。

Aさんは10時に登山を開始し、44分の昼食をはさんで、4時間24分後に常念小屋に到着した。図をよく見ると、登山開始後1時間は、まだ体力的に余裕があるので休憩時間は少ないが、最後の1時間はスタミナ切れか、頻繁に休憩を取っているのがわかる。Aさんの足取りやハー、ハーという息づかいまで聞こえてきそうだ。

登山中のエネルギー消費量は?

ところで、酸素消費量から、Aさんの体内でどれくらいブドウ糖と脂肪が消費されるのか算出できる。したがってエネルギー消費量を算出できる。

計算が複雑になるので、詳細は巻末のエネルギー源の計算式 **1** に示す。仮定をいくつかおいて計算すると、1分間あたり糖質の燃焼率が2・04kcal、脂質が4・87kcal、合計1分間あたり6・91kcalとなる。すなわち、4時間（240分）の登山行程では、Aさんのエネルギー消費量は、6・91（kcal／分）×240分＝1658kcalとなる。この数字には、安静時のエネルギー消費量も含まれているので、それを1分間あたり1kcalと仮定して240kcalを差し引くと、上りの4時間に要する正味のAさんのエネルギー消費量は1418kcalとなる。

「上り」に何カロリー使われた?

1日目のAさんは、上りは1分間あたり高度4mのペースで登山をしている。このとき、高度獲得に使われるエネルギーはどのくらいだろうか。「水平移動」ではなく、「縦移動」に使われるエネルギー消費量のことである。それは、Aさんが獲得する位置エネルギーで推定できる。

詳しい計算は省略するが、実際にAさんが獲得した位置エネルギーは1分間あたり0・81kcal

となり、4時間で194kcalとなる。全消費エネルギーが1418kcalだったので、全消費エネルギーに対する高度獲得に要するエネルギー消費の割合は14%となる。

「高度を稼ぐ」ために使われるエネルギーが14%というのは、意外に少ないと思われるかもしれない。しかし、自動車のガソリン中に含まれる化学エネルギーのうち、車を走らせるための運動エネルギーに使われるのは、せいぜい20%であること、さらに、今回の計算には水平移動のためのエネルギー消費量が入っていないことを考えると妥当な値といえる。

体温の上昇

Aさんたちは標高1700m付近の烏帽子沢との合流点で昼食を摂った。それまでの樹林帯の登山道が終わり急に視界が広がって、大勢で一緒に昼食を摂るのにもってこいの場所だ。昼食(オニギリ、栄養補助食品、飲料)はこちらで用意したものを食べてもらい、食べ残した場合は、それを記録した。いつもの登山なら、ご家庭で作ったお弁当が披露され、自慢のおかずやデザートが登場するところだが、実験登山なので今回は我慢してもらうことにした。

昼食後、Aさんの1日目の登山は後半にさしかかる。一ノ沢はだんだんと細くなり、上り坂が急になってきた。

午後の2時間では、Aさんの上りの速度、酸素消費量が変わらないにもかかわらず、登山開始時に比べ、1分間あたりの心拍数が30拍ほど上昇している。これをみた読者は、高山による低酸素や、上り坂が厳しくなってきた影響と考えるかもしれない。それもあるだろうが、それだけではない。むしろ、私は、体温が上昇したことが主な原因と考えている。体温（脳温）がたった0・1℃上昇するだけで、1分間あたりの心拍数が5拍ほど増加するからだ。あとで述べるが、心拍数の上昇と主観的運動強度（疲労感）はよく相関する。

登山時には、体内で意外と大量の熱が発生していて、それが体温の上昇をもたらし、心拍数が増加し、疲労の原因になるのである（詳細は巻末の熱放散の計算式 **2** 参照）。

中高年は負けず嫌い？

今回の実験の登山隊は、研究スタッフを入れると30人近くで、それが一列縦隊の登山をした。すると、どうしても体力のある人がない人よりも先行する。先行部隊は後続部隊の無事な顔を見てから出発しようという思いやりから、結果的に長い休憩時間をとることができる。そして、彼らは後続部隊が到着すると「疲労も回復したからお先に出発しよう」ということになる。

ところが、後続部隊の人たちからすれば、やっと追いついたと思った途端、彼らが出発してしまう。そうなると、「ゆっくり休憩したい」と思っても、「仲間を待たしてしまった」という、ちょっとした後ろめたい感情をもってしまい、落ち着いて長い休憩時間をとりにくい。その結果、体力のない人は、全登山期間を通して休憩時間が短くなり、自分の体力に見合わない、ややきつめの速さで登山をすることになる。こうしたことは、人数の多いグループ登山でよく起こりがちである。

今回の登山コースの場合、標高2200mで登山道が一ノ沢を横切る場所に最後の水場があり、それより上は常念小屋まで、「胸突八丁」と呼ばれる最後の急登になる。そこから目的地の常念小屋まで高度差200m余りの樹林帯のつづら折りの道を上る。

先行部隊から少し遅れていたAさんは、「もう少し」という思いと、「先行部隊はもう小屋についていて、見晴らしのよい稜線から槍や穂高を眺めながら生ビールでも飲んでそうだ」などという妄想を抱きながら、最後の踏ん張りをしている様子が目に浮かぶ。疲労の色を濃くしながら、ようやく4時間余りの登山を終えて、常念小屋に到着することができた。

実際に、Aさんの登山後半のデータを見ると、体熱の産生が徐々に放散を上回り、体温は0・2〜0・5℃も上昇したと推測される。この体温上昇のために、1日目の上りの最後の1時間で、心拍数の上昇は30拍に達した。これにより、Aさんはかなりの疲労を感じていたことがわかる。

疲労感は主観的運動強度で示すことができる。ここでは、Aさんの登山中の主観的運動強度を推定してみよう。

表1は主観的運動強度（ボルグ指数）と呼ばれるもので、運動時の「しんどさ」を数値化したものである。「非常に楽である」を7〜8点、「非常にきつい」を19〜20点とし、20歳の若者の1分間あたりの心拍数の10分の1が点数に定められている。年齢による最高心拍数は、「220－年齢」で表すことができる。すなわち、20歳なら最高心拍数は200拍／分で、このときボルグ指数は20で「非常にきつい」、となる。一方、60歳なら最高心拍数は160拍／分となり、これを20歳の数値に換算して、ボルグ指数を求める。（計算式は巻末 **3** 参照）。ボルグ指数の最低値は6となっているが、これは安静時心拍数を年齢にかかわらず60拍／分と仮定しているからである。

Aさん（年齢65歳）の場合、上りはじめの心拍数は120拍／分であったが、これを、20歳の若者の心拍数に換算してみると、148拍／分となり、表1から「きつい」となる。

さらに、登山後半の心拍数は150拍／分なので、同様に計算してみると193拍／分となり、表1から「非常にきつい」となる。このように、

ボルグ指数	感じ方
6	
7	非常に楽である
8	
9	かなり楽である
10	
11	楽である
12	
13	ややきつい
14	
15	きつい
16	
17	かなりきつい
18	
19	非常にきつい
20	

［表1］ボルグ指数

Aさんは登山1日目の最後の1時間は、「非常にきつい」と感じながら登山したのである。

なぜ、そのような「非常にきつい」登山をするのか、ペースを落として、もっとゆっくり登ればいいじゃないか、危ないよ、と思われるかもしれない。私もそう思う。しかし、前に述べたように、「一緒に登っている仲間に迷惑をかけたくない、負けたくない、コースタイムどおりに行かないといけない」などの心理が働く結果なのだろう。こうした心理は若い人にはあまりみられないものである。

さて、ようやく到着した常念小屋では、尾根向こうの上高地側からの心地よい風が吹いていて、参加者たちの額の汗を乾かしてくれた。小屋のテラスからは、槍や穂高の景色をゆっくり満喫できる。

ただし、Aさんには残念だが、今回の登山では生ビールは遠慮してもらった。

下るときのエネルギー

Aさんらは常念小屋に一泊し、翌朝は午前7時にほぼ空身で小屋を出発した。2時間ほどかけて、常念岳に無事登頂。実験の都合上、山頂からの眺望もそこそこに10分ほどで下山を開始した。途中、常念小屋で1時間ほど休憩し、その後3時間半ほどかけて登山口に到着した。下山時には途中休憩もほとんどはさまず、順調に高度を下げていった。

一般的に、下りるときのエネルギー消費量は上るときの30％といわれる。実際、Ａさんも下りでの酸素消費量は1分間あたり３００mL程度にすぎない。

しかし、山を下りるためになぜエネルギー消費が生じるのか考えられたことがあるだろうか。白状すると私は、それがしばらくわからなかった。たとえば、苦労して登った山の頂上から、パラグライダーのようなもので飛び下りれば、筋肉を用いた動作は必要なく、ほとんど安静時のエネルギー消費量だけで下りられる。極端な場合、高所から低所に落下するのは、重力の法則にしたがって落ちるのであって、位置エネルギーの放出にあえて余分なエネルギーは必要ないはずである。Ａさんの場合、３時間30分余りの下山中に、上りで獲得した位置エネルギー１９４kcalのすべてが放出されたが、そのために、なんとその倍近い３５０kcal余りのエネルギーを消費している。

その理由は、下山時には、獲得した位置エネルギーを放出しながら下りてくるのだが、それを一気に放出すると、落下の衝撃で怪我をするので、できるだけゆっくり下りているからだ。衝撃を膝の筋肉の粘・弾性で吸収させているのである。昔に流行った玩具のバネの筒のようなもので、階段の最上段から一段落としてリズムをつけてやると、あとは連続して下まで落ちていくのがあるが、このバネと違って、生身の筋肉の場合は粘・弾性を維持するためにエネルギーを必要とするのだ。

運動生理学の分野でこのような筋肉の働きを「エキセントリック運動」と呼んでいる。筋肉は収縮しているのに外界に対して仕事をしていない。たとえば、昔、小学校で悪さをすると、廊下に水を入れたバケツを持って立たされたが、そのとき、バケツを木の枝か何かにぶら下げても、外界から見れば現象としては同じことなのだ。外に対して仕事をしない分、位置エネルギーはすべて筋肉内で熱となって散逸する。今のところ、このときのエネルギー消費量を調べるには、私の知る限り、酸素消費量を測定するしかない。

私は、学生時代、ある女学生を登山に誘ったことがある。すると、彼女に「山に登る人の気持ちがわからないわ、山に登っても、また、下りてこなくちゃいけないでしょ」といわれてあっさり断られてしまった。彼女は登山のむなしい位置エネルギーの獲得と散逸の原理を見事にいいあてている。

登山のスピード

さて、これまでの実験結果からわかったことを整理してみよう。

① 夏季、気温25～10℃、湿度50％の環境で、標高1300mの登山口から標高2450mの常念小屋に至る行程で中高年者を対象に登山実験をおこなった。

❷参加者のAさん（65歳）の持久力の指標である最大酸素消費量は35mL／kg／分で、これは同年代の平均値と比べて体力のあるほうに属する。
❸Aさんが5kgの荷物を背負って1000mを上るのに4時間かかった。
❹1000m上るのに安静時を差し引いた正味必要とするエネルギー消費量は1418kcalで、普通の茶碗1杯のご飯が150kcalとして9杯分に相当する。
❺下りるときのエネルギー消費速度は上るときの30％に相当した。
❻同じ速度を維持した場合、最初120拍／分だった心拍数は徐々に上昇し、最後の1時間の行程では150拍／分にまで上昇した。これは中高年者にとって「非常にきつい」と感じる強度である。これは体温の上昇に一部原因がありそうだ。

以上の結果の全体を通してわかるのは、登山に要する体重あたりのトータルエネルギー消費量は個人によって変わらないが、登山のスピードは個人の体力に依存することである。

たとえば、大学で運動サークルに入っている学生は高い最大酸素消費量を持つ者が多いが、仮に60mL／kg／分とすれば、今回の登山もAさんの60％の時間、すなわち、2時間20分で達成できることになる。このことは、登山のリスク回避の面からも、さまざまなメリットがある。

このように、体力と登山とは切っても切れない関係である。では、体力とはいったい何なのか、「持久力」と「筋力」にわけて述べる。

1-2 登山に必要な体力とは

持久力

持久力は1分間あたりの酸素消費量で表すことができる。これは車のエンジンの大きさにたとえられる。エンジンが大きければ、むろん馬力も大きいので、険しい山も短時間で登破できる。ヒトの場合、エンジンを取り出して、その容量を測ることはできないので、単位時間あたりで、どれほどの燃料を燃やすことができるかで測定する。すなわち、運動時に筋肉で必要とするエネルギー量が増加するにしたがって多くの酸素を必要とする。

酸素は、まず、肺に取り込まれ、血液に溶け込み、心臓のポンプ作用によって筋肉に運ばれる。その酸素は、筋肉収縮の直接的なエネルギー源となるアデノシン三リン酸（ATP）という化学物質の合成に使われる。したがって、単位時間あたりにどれほど多くの酸素を筋肉に輸送でき、どれほど多くの酸素を利用することができるかで、エンジンの大きさを評価する。

簡単にいえば、高い心肺機能、濃い血液、高いエネルギー産生能の筋肉を持っていれば持久力が高くなり、急な登山道でも長時間にわたって上り続けることができる。この持久力は20歳代をピークとし10歳加齢するごとに5~10%ずつ低下する。すなわち、20歳のときに比べ、40歳で10%、60歳でさらに20%低下する。運動習慣のない20歳の一般日本人男性の最大酸素消費量は体重1kgあたり40mL/分だから、60歳では30mL/分にまで低下する。

したがって、年齢にあわせた山を選ぶ、というのはある意味正しい。あるいは、年齢の壁を越えて目標の山をあきらめないのなら、体力の低下した分、登山時間を余分に想定すべきだ。

筋力

心肺機能が車の燃料ポンプなら、筋肉こそが狭義のエンジンにたとえられるだろう。骨格筋の「収縮能力」は、「収縮力」「パワー」「持久力」の3つに大別される。

骨格筋の最大収縮力は、その横断面積に比例し、1㎠あたり、2・5~3・5kgの筋力を発揮する。たとえば、重量挙げのトップアスリートでは大腿四頭筋の横断面積は150㎠であるが、そこから期待できる最大筋力は片足で525kgである。よく山岳映画で筋肉の塊のような俳優が出てきて、とても登れそうもない垂直な岩壁を簡単に登っていくのがあるが、この収縮力は岩登りなどで瞬発的に力を発揮するときに必要である。しかし、筋肉量が多いということは、それだけ体重が重くなるということなので、実際の岩登り現場で活躍する人はむしろ細身の人が多い。

体の柔軟性、バランスのよさも岩登りには要求される。

一方、実際の岩登りの現場では完登するのに数時間を要したり、場合によっては数日かけて登ることもある。また、ルートの途中で、落石や雪崩の通り道があって、すばやく通過しなくてはならない場所もあるだろう。このようなときに要求されるのが「パワー」だ。「パワー」は単位時間あたりの筋のおこなう仕事量で、kg・m／分の単位で表す。たとえば、質量1kgのものを1mの高さまで1分間かけて持ち上げるパワーが1kg・m／分である。今回の登山実験で、4時間かけて体と荷物を1000m持ち上げたのも、主に下肢筋肉のパワーによる。パワーを発揮する主な筋肉は速筋と呼ばれ、どちらかというと鶏の肉のように白く、酸素をあまり消費しないでも高い筋力を発揮する。しかし、疲労しやすいという特徴がある。このような筋肉を多く持っているのは陸上競技200〜400m走の選手である。

最後に「持久力」は一定の仕事量の運動をどれほどの期間持続できるかで評価する。登山にあてはめれば、尾根沿いに長時間歩いて縦走する能力である。すなわち「持久力」は一定のパワーを長時間持続させるのに役立つ。持久力の高い筋肉は遅筋と呼ばれ牛肉のように赤い。

持久力は骨格筋内に貯蓄されている骨格筋の単位重量あたりのグリコーゲン量に依存する。たとえば、通常食を摂取している運動選手の大腿四頭筋に貯蓄されているグリコーゲン量は筋1kgあたり18gであるのに対し、高炭水化物食を摂取している選手では33gに増加し、逆に高脂肪食

（低炭水化物食）を摂取している選手では6ｇに低下することが知られている。

実際、これらの選手が、最大酸素消費量の75％の運動強度（通常のマラソン選手の相対運動強度）で運動した際の疲労困憊《こんぱい》までの時間を測定すると大きな違いがある。通常の食事を摂取した選手では１２０分であるのに対し、高炭水化物食では２４０分に延長し、逆に高脂肪食の選手では85分にまで短縮することが報告されている。

また、ここでいう「筋」の持久力を発揮するには酸素を必要とするので、筋に酸素を送る心肺機能の影響を受ける。

1-3 体力のエネルギー源は何か

筋肉の「燃料」は？

筋力を発揮するにはエネルギーが必要である。車の場合はガソリンだが、人の場合は少々複雑である。理由は、骨格筋では、ガソリンのかわりに、アデノシン三リン酸（ＡＴＰ）を収縮のエネルギーとして使うのだが、その体内での貯蓄量が少ないからである。運動開始後、その消費速度に応じて、体内に蓄えられているグリコーゲンと脂肪からＡＴＰを作りはじめる。

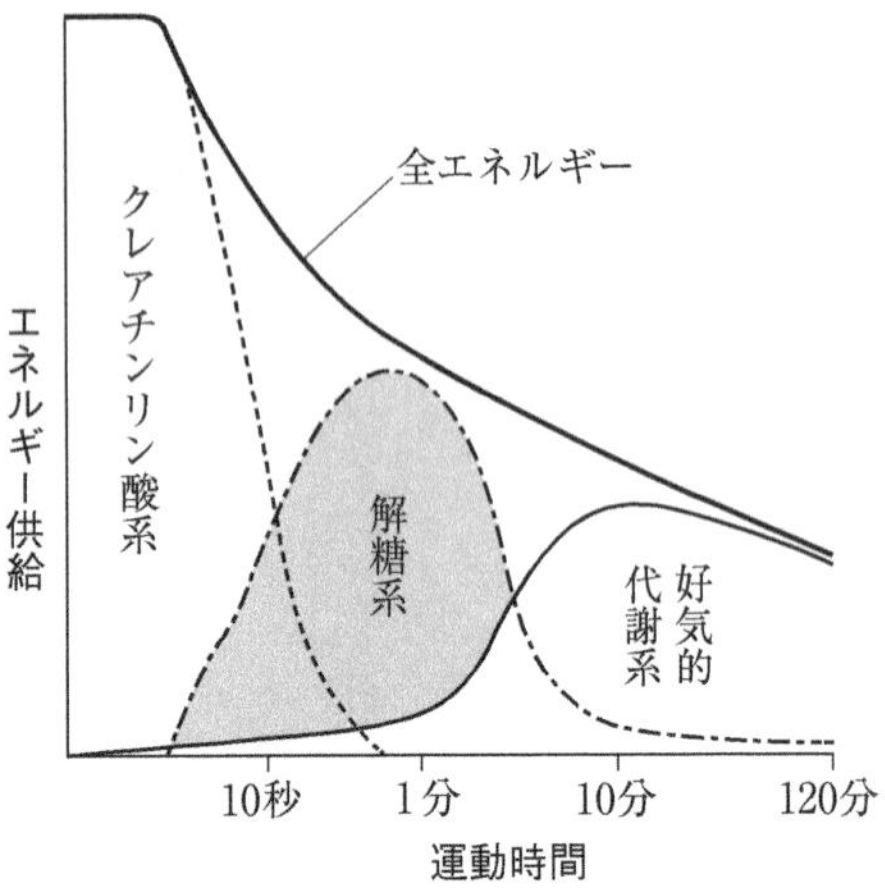

［図2］筋収縮時のエネルギー供給系。体のエネルギーは、クレアチンリン酸系、解糖系、好気的代謝系の順に使われる。

運動開始後、ATP産生に関与するのが「代謝系」と呼ばれる体内の化学反応の経路である。代謝系には3種類あり、運動時間によって関与するものが異なる（図2）。すなわち、運動開始時から15秒まではクレアチンリン酸系で、次の1分までは解糖系、それ以降は好気的代謝系によってATPが補給される。

　エネルギーの供給速度をみると、クレアチンリン酸系がダントツに高く、解糖系、好気的代謝系がそれに続く。したがって、クレアチンリン酸系は、岩登りのときのように瞬発的に強い筋肉の収縮力を必要とする場合、解糖系は急な坂道を短時間で登り切る高いパワーを必要とする場合、好気的代謝系はなだらかな縦走路を低いパワーで長時間歩くときに用いられる。

　これから、それぞれの系について、もう少し詳しく述べよう。

（1）クレアチンリン酸系

クレアチンリン酸系はハイブリッドカーの電池のようなもので、筋収縮時にＡＴＰが不足しないよう、筋肉にすばやく供給する。しかし、体内に貯蔵されているクレアチンリン酸系の量は多くない。運動開始５～６秒後には筋肉内の全ＡＴＰが消費されるが、その５～10秒後には全クレアチンリン酸系によるＡＴＰも消費されてしまう。

たとえば、１００ｍの短距離走、飛び込み、ジャンプ、アメリカンフットボールのダッシュ、重量挙げといった運動では、この系しか使っていない。

（2）解糖系

クレアチンリン酸系で貯めていたＡＴＰを使い果たしたとき、それを即座に補給するための代謝系が解糖系である。登山の場合は、落石や雪崩の危険のある箇所をすばやく通り過ぎるときに用いられる代謝系と考えればよい。解糖系では、筋肉内に蓄えられているグリコーゲンの成分であるブドウ糖が酸素の消費なしに乳酸まで代謝される。

解糖系の特徴は、ＡＴＰの産生速度が、次に述べる好気的代謝系の２・５倍で、高速の筋収縮にエネルギーを供給できる点である。そのため、運動開始時や激しい運動強度のときなどにエネルギー供給源として働く。しかし、ATPの産生効率は極めて低く、さらに産生された乳酸は疲労物質として働く。筋細胞内に乳酸が蓄積すると、筋収縮を阻害する。したがって、最大筋力で運動した場合の解糖系によるエネルギー供給は30〜40秒が限界である。

解糖系を使うのは、登山のほか、陸上競技200〜400m走、野球のベースランニング、バスケットボール、アイスホッケーのダッシュ、テニス、100m競泳、サッカー、である。競技後、体内に蓄積した乳酸は次の好気的代謝系により、酸素を使って回復する。

(3) 好気的代謝系

ATPを産生するさらなる代謝経路は、糖質、脂質、タンパク質を燃やす系である。比較的短時間の運動では、糖質と脂質が用いられる。この系を用いた運動は「有酸素運動」とも呼ばれ、そのため、この系を「有酸素系」ということもある。登山にたとえれば縦走がこれに相当する。

この経路は、グリコーゲン、脂質がエネルギー源である。これらのエネルギー源が枯渇せず、酸素供給が続く限り、好気的代謝系は無制限に継続できる。しかし、この経路によるATPの産生速度は解糖系に比べ40%と低く、登山道の危険な箇所をすばやく通過するといった高いパワーを必要とする筋収縮には向かない。また、酸素を必要とするため、筋肉内のこの機能をフルに活用するには高い心肺機能が要求される。

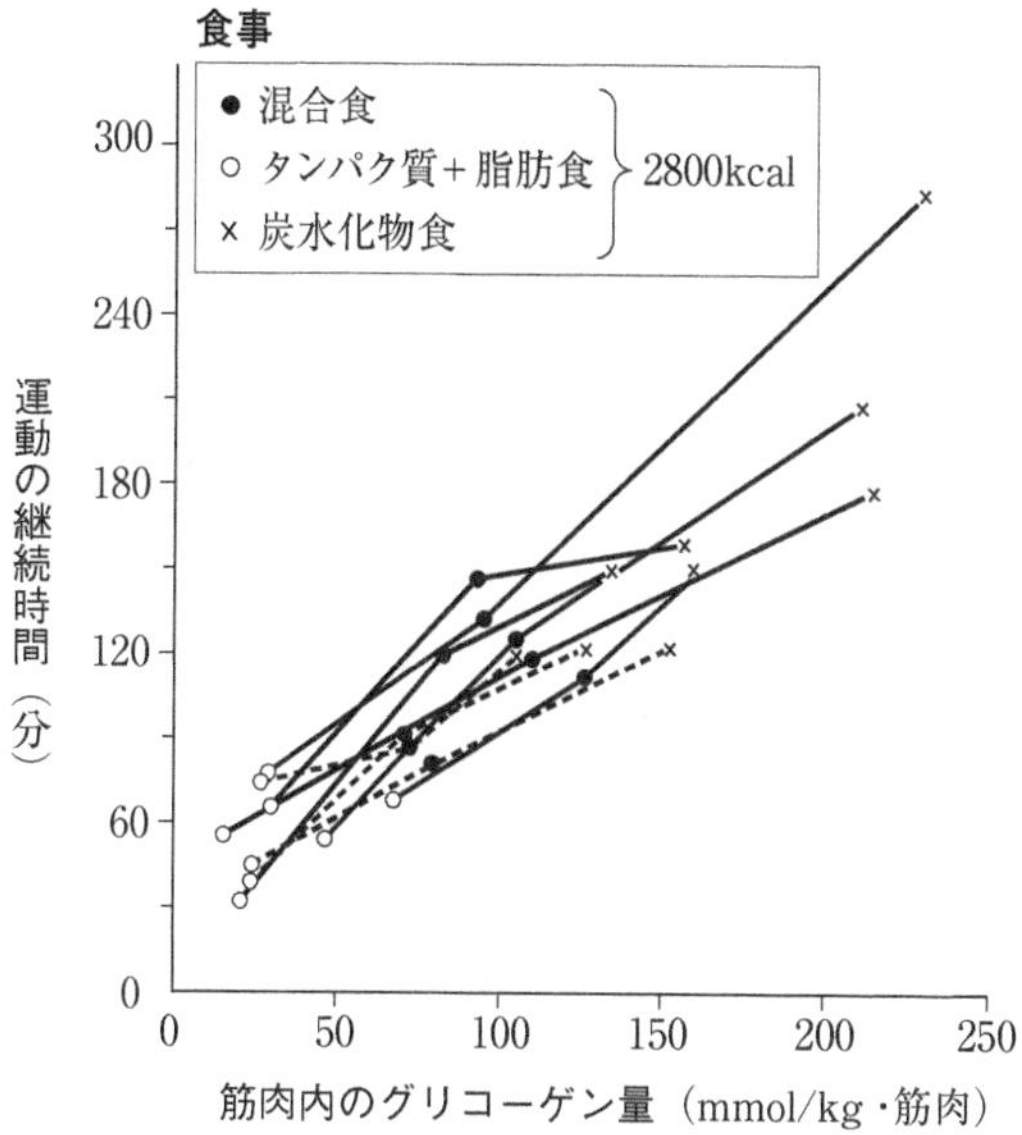

［図3］筋肉のグリコーゲン含有量で「ややきつい」と感じる強度の運動継続時間が決まる。運動前に炭水化物を摂ると、グリコーゲン量は多くなり、運動継続時間が長くなる。

図3は、筋肉内のグリコーゲン量と運動の継続時間の関連を示した図である。運動前に食事の成分を（1）混合食、（2）タンパク質＋脂肪食、（3）炭水化物食にして、ややきつい強度で運動した際の、運動の継続時間と、筋肉内のグリコーゲン量を表している。その結果、運動前の筋肉内のグリコーゲン量に比例して運動継続時間が延伸することがわかる。

したがって、登山前にあらかじめ筋肉内に多くのグリコーゲンを貯めておくことは、登山を効率的かつ安全におこなうために重要である。

登山中にイライラしたら

グリコーゲンは肝臓にも蓄えられていて、運動中に分解され、血液中にブドウ糖として放出されてから筋肉内に取り込まれる。肝臓のグリコーゲンは、主に血糖値の維持に用いられる。運動中、骨格筋内でブドウ糖が消費され、その量が低下しはじめると、血液中のブドウ糖が筋肉内に取り込まれる。その結果、血液中のブドウ糖濃度は低下する。

運動開始後しばらくの間は、肝臓内のグリコーゲンが分解されて、血中にブドウ糖が補給され、その濃度が維持される。しかし、運動が一定期間以上続くと、それを補いきれなくなって、血糖値が低下しはじめ、やがて脳に十分な糖分を供給できなくなり低血糖症状が起きる。重症では意識を失うこともある。

山でよく経験するのは、同行者の言葉が急にとげとげしくなってイライラした言動を周囲にとるようになることだ。対策は血糖値を上げること。すなわち、甘いものを食べさせること、である。

一方、体内の脂質から血液中に放出される遊離脂肪酸も骨格筋に取り込まれ、これもエネルギー源となる。しかし、この量は相対運動強度が増加するにしたがって低下する。安静時では総エ

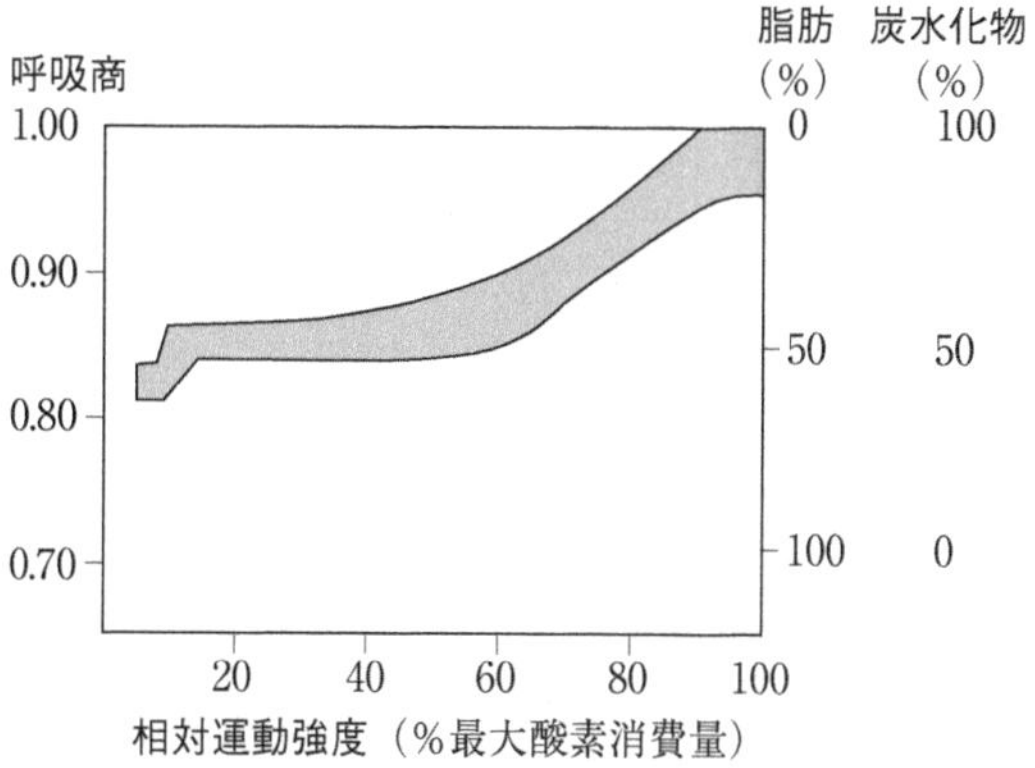

［図4］個人の最大酸素消費量の何%の強度の運動をするか、で消費する炭水化物、脂肪の割合が変化する。激しい運動になるほど、脂肪は消費されにくくなる。

ネルギー消費量の60%の脂肪が消費されるが、個人の最大酸素消費量の60%の運動強度（相対運動強度と呼ぶ）で50%に低下し、さらに80%の運動強度になると、20%の脂肪しか消費されなくなる（図4）。つまり、激しい運動になるほど、脂肪からのエネルギー供給は期待できなくなる。その場合、エネルギー源のほとんどは、骨格筋内のグリコーゲンに依存することになる。

登山をする際に重要なことは、この相対運動強度が上昇すれば、エネルギー供給のブドウ糖への依存度が上昇する、ということだ。相対運動強度は最大酸素消費量に左右される。すなわち、最大酸素消費量の高い人と低い人が一緒に登山をする場合、低い人のほうが、ブドウ糖の消費速度が速くなる。さらに、もともと筋肉量が低くグリコーゲン貯蓄量が少ないのも手伝って、早く「燃料切れ」になって登山の継続を困難にさせる。これが冒頭の体験談である。

運動中に消費するグリコーゲン量

では、運動中にグリコーゲンはどれくらいの量が消費されるのだろうか。マラソン選手を例にあげて説明しよう。

通常、マラソン選手の体内に蓄えられているグリコーゲン量は最大で骨格筋内に500g、肝臓内に100gとされている。スーパーなどで販売されているナイロン袋入りの砂糖1kgを思い浮かべれば、その量が実感できる。

今、体重70kgの最大酸素消費量70mL/kg/分のマラソン選手が、その70%の運動強度で2時間半(150分)で42・195kmを完走したとすると、レース中の酸素消費量は51万4500mLとなる。レース中のエネルギー源をすべてグリコーゲンと仮定して計算すると、レース中のグリコーゲン消費量は684gとなる。すなわち、体内に蓄えられたグリコーゲンを精一杯利用して最大限走れる距離が42・195kmだということがわかる。マラソンの距離が何を根拠に決められたのか知らないが、実に巧妙に設定された距離だ。

以上の計算は、一定の運動強度で、一定時間走ったときのエネルギー消費量だが、現実には、レース中に競走相手の引き離しを目論んで高強度でスパートをかける選手がいる。その場合、解糖系を使ってしまうので、ＡＴＰ産生のために非常に効率の悪いグリコーゲンの消費をすることになる。さらに、気温が高いと、体温が上昇するので余計にグリコーゲンが消費される。これらが原因で、レース中に筋肉内の限られたグリコーゲンの使い方に失敗すると「燃料切れ」で走れなくなる。それがレース中に現れるのが、トップ集団がバラけてくるレース終盤の30㎞すぎで、観戦者にとって最も面白い場面である。

では、登山中のエネルギー源を考察してみよう。常念岳登山のＡさんの例では、１分間あたり糖質の燃焼率が２・０４kcal、脂質が４・８７kcal、合計１分間あたり６・９１kcalとなる。その結果、上りの４時間の登山行程で、Ａさんのエネルギー消費量は、１６５８kcalである。エネルギー含有量はブドウ糖で１ｇあたり３・７kcal、脂肪で同９・４kcalだから、この行程で安静時分を含んで、それぞれ、１３２ｇ、１２５ｇ燃焼することになる。体力に比例して体内のグリコーゲンの貯蓄量が決まると考えれば、Ａさんの体内のグリコーゲン貯蓄量は、多く見積もってもマラソン選手の40％程度だから２００ｇ前後と推定できるので、標高１０００ｍの山を登るだけで、その70％近くを消費することになる。

一方、実際に登山をすると、コースには急な上り坂、下り坂があり、ときには崖をよじ登らなければならない状況もあるだろう。その場合、マラソン中のスパートのような、好気的代謝レベルを超える強度で登山をしてしまうこともあるだろう。また、グループ登山の場合、仲間に気を遣ったり、同伴の若い者に負けまいと意地を張って、無理をしてしまう場合もあるだろう。したがって、登山中のエネルギー源については、登山に要する時間を考えれば、好気的代謝系が主になるが、状況によってはクレアチンリン酸系や解糖系も動員することになる。すなわち、そこで余分にグリコーゲンを使用する。

マラソンの場合、途中でブドウ糖の補給はほとんどできない。しかし、登山の場合は途中の昼食などで工夫して補給することができる。これについては後述する。

1-4 体力の回復にどれだけかかるか

「筋力の回復」が登山の成否を決める

登山の成功は、いかに短時間に筋力を回復するか、にかかっている。これについても、それぞれの代謝系に依存している。

(1) クレアチンリン酸系

クレアチンリン酸系は、岩登りのような瞬間的な運動時に使用されるエネルギーの、いわば蓄電池である。その再充電、すなわちクレアチンリン酸系の完全回復には3〜5分を要する、と考えられる。

（2）解糖系

解糖系は、運動開始後間もない時期の筋肉のATP産生システムである。その際、乳酸が蓄積し、やがて筋を収縮できなくなる。したがって、運動継続のためには、筋細胞内に蓄積した乳酸をいかにすばやく筋肉から除去するかが重要である。

ほとんどの競技の場合、この筋細胞内の乳酸の半減期は20〜30分である。ただし、解糖系をその最大能力まで発揮させるような競技では、競技後1時間たっても細胞内の乳酸濃度が運動前の値に回復することはない、とされる。それが「疲れきって筋肉が動かない」という状態である。

（3）好気的代謝系

運動終了後に酸素消費量が運動前のベースラインにまで回復する時間は、運動の強度、長さによるが、数十分から数時間に及ぶ。運動中に消費した筋肉内のグリコーゲンを回復したり、運動中に損傷した筋線維の修復に酸素を要するためと考えられる。

●グリコーゲンの貯蓄

運動によって消費されたグリコーゲンの回復は、運動した後に摂取する食事内容に大きく左右される。グリコーゲンの回復には、運動後に高炭水化物食を摂ることが重要である。それを示すのが図5で、激しい運動後に高炭水化物食を摂取した場合の筋肉内のグリコーゲン量を比較したものである。

競技者が最大運動強度の120％の自転車運動を20分間実施すると、大腿筋内のグリコーゲンが完全に枯渇する。その直後に、高炭水化物食を摂取すると、前よりも高いグリコーゲンの貯蓄が得られる。さらに、運動後3日間、炭水化物食を摂るのを我慢して、脂肪・タンパク食だけを摂取した後に炭水化物食を摂取するとその効果が一層鮮明になる。

これは「ややきつい」以上のレベルの運動をすると、筋肉が血中からブドウ糖を取り込もうと、筋肉の細胞表面に多くのブドウ糖輸送体が発現するためである。しかし、この輸送体は運動終了後1時間で減少してしまうので運動直後30分以内に摂取しなければならない。いわば、パチンコでチューリップが全開するフィーバーのようなものである。スポーツ現場では、この原理を、競技前のカーボハイドレートローディングとして、選手の持久力向上、疲労回復のために広く用いている。

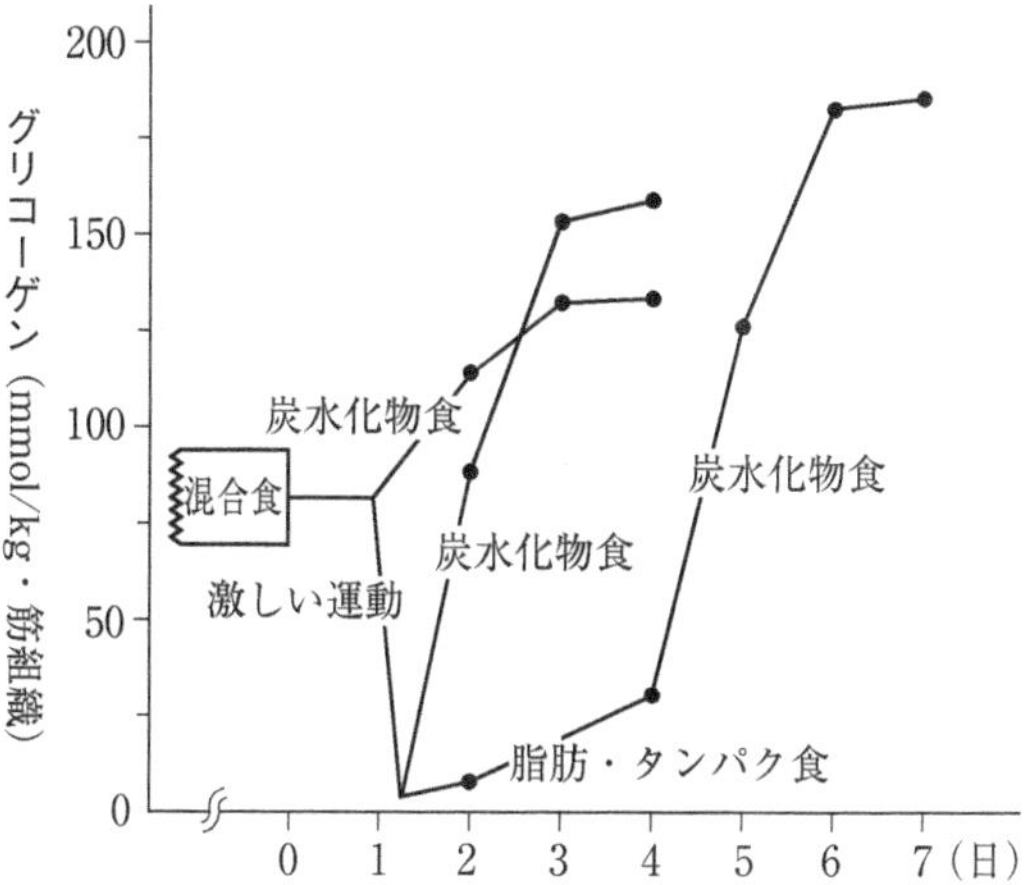

［図５］激しい運動後、炭水化物食を摂るか、脂肪・タンパク食を摂った後に炭水化物食を摂るかを比較した実験。運動後３日間脂肪・タンパク食を摂り、その後炭水化物食を摂るとグリコーゲンの蓄積が多くなる。

これは登山中の食事メニューにもあてはまる。すなわち、一日の行程のあと、十分な炭水化物を含む食事を取れば、高いグリコーゲンの貯蓄が得られるのだ。

疲労困憊はすぐに回復しない

登山中に筋肉を疲労困憊まで追い込むことは禁物である。実際にどのような状態になるか、私の経験を冒頭で述べた。ここではもう一つ、グリコーゲンが沽渇したときの体験を付け加えておこう。

学生のころ、先輩に連れられて、岩登りに行ったときのことである。京都市郊外の大原三千院の近くに金毘羅山というのがあって、京都市内の大学の山岳部の連中が集うロッククライミングのゲレンデとなっていた。当時は、車を持っている学生は珍しく、普通は路線バスで行くのだが、大学の前から1時間足らずで行けるのと、岩場の頂上から見える北山や田園風景が好きで、午後から授業をサボって仲間とよく出かけた。

詳しくは忘れたが、鬱蒼とした北山杉のなかに、ところどころ高さ20mぐらいの岩壁が点在している。その一つ一つに名前がついていて、それぞれ難易度のランクがあり、熟達するにつれ上位ランクの岩壁に挑戦していく。難易度の低い岩場は、足を置ける岩の突起（スタンス）や、手を掛けられる岩の突起（ホールド）が多くあり、いわば梯子のように簡単に登れる。一方、難易度の高い岩場は、それらの岩の突起が乏しく、あっても小さいものである。

私は、そのとき、いつもより少し難易度の高い岩壁に挑戦することにした。スタンスが小さいということは、そこに長時間立てない、ということである。そのため、岩壁に体を固定するには、安定なホールドに手を掛けて、腕を伸ばし、体全体を岩壁から離して、足先を岩壁に押し付けるようにし、その摩擦力で体が滑り落ちるのを防ぐ。しかし、手の筋肉は足よりはるかに細くパワーに劣るので、この体勢で長時間、腕に体重をかけると、腕の筋肉のグリコーゲンを急速に消費してしまい、張力を維持できなくなってしまう。

案の定、私は最初のトライで落下してしまった。断っておくが体をザイルで確保しているので宙ぶらりんにはなるが怪我はしない。ただ、一度、腕の筋肉を疲労困憊させてしまうと、その日は、もう二度と力を発揮できなくなって、再挑戦は次回までお預けになる。何ともいえぬ挫折感を噛みしめながら夕方の大原を後にすることになった。

では、どうすればよいか。あらかじめ、目標とする岩壁のスタンスとホールドの位置を頭に入れておいて、足の動き、手の動きをプログラムし、一つの体勢で体重を支えるのを長くても5秒以内にし、クレアチンリン酸系のみを使うようにして、リズミカルに登るのである。まるで、テレビゲームの攻略本みたいで、ゲレンデだから可能で、スタンス、ホールドの位置がわからない本番の岩登りでは役に立ちそうもないと思われるかもしれない。だが、できるだけ速いスピードで岩登りをおこなうリズムを覚えれば、本番でも筋肉内のグリコーゲンの消耗を節約するのには役に立つだろう。

安全な登山をするには、体内のグリコーゲンについて気を配ることがとても大切である。

第2章

実践！
科学的登山術

2

1

体力に応じた登山計画を立てよう

体力は加齢とともに低下する

私は1996年の夏に信州大学に赴任してきた。ちょうど、42歳のときである。当時、1998年冬季オリンピックが長野で開催され、長野県でスポーツに関する関心が高まっていたころである。ここ信州大学医学部でも文科省のお声がかりで国立大学医学部としては全国で初めてスポーツ医学の講座が開設されることになり、そのスタッフが全国公募された。私は、それを見て「これは自分のためのポジションだ」と直感した。学生のときに四季を通じて馴れ親しんだ北アルプスの山々の姿が山岳部の仲間とのさまざまな思い出とともによみがえり、心のふるさとに帰れる、と思った。

はたして、運よく採用され、着任早々、当時の山岳部長の教授に挨拶しに行ったが、そのとき、医学部山岳部の顧問になるよう依頼された。願ったり叶ったりの申し出である。今もそうだが、当時でも全国の大学山岳部は人気がなく、ほとんど瀕死の状態だった。しかし、なんと、ここ信州大学医学部には30人もの現役の山岳部員がいたのだ。なかには、小さいころに山好きの両

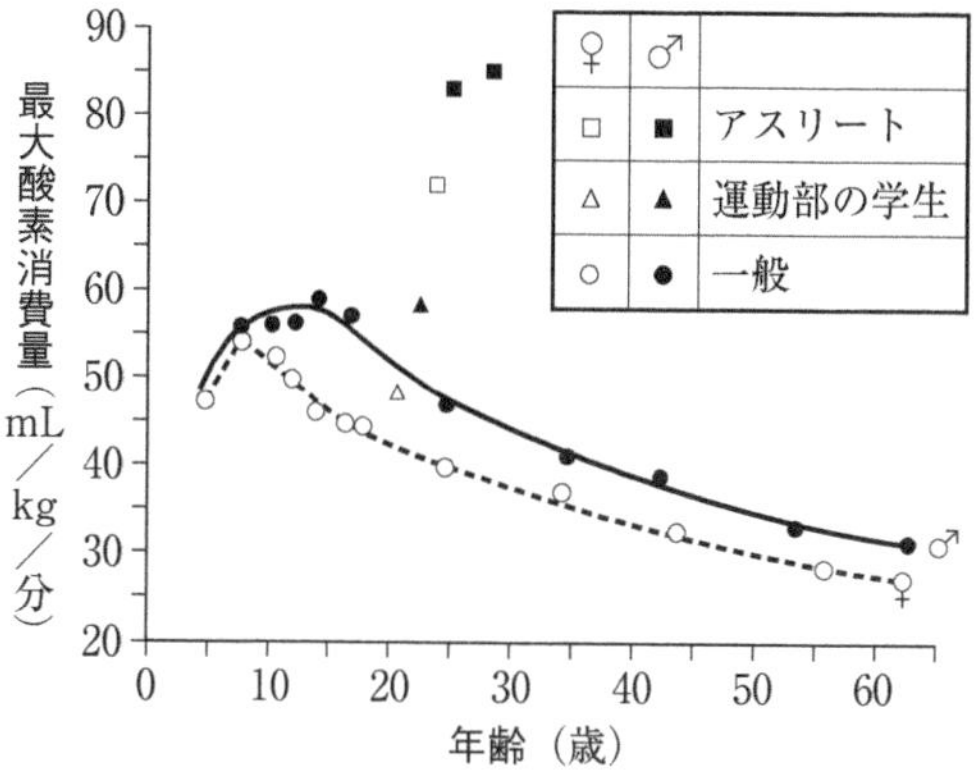

［図6］最大酸素消費量の加齢変化

親に連れられてきたのが信州大学を選んだ動機という学生や、「穂高くん」「美雪さん」など、ご両親の山へのこだわりを感じさせる学生もいた。

さて、医学部山岳部顧問の役割の一つは、常念岳にある「信州大学医学部山岳部夏季診療所」の診療所長に就任することである。所長といっても、診療所に常駐する必要はなく、7月下旬の開所時と8月下旬の閉所時のどちらかに診療所に出向き、常念小屋の御主人に挨拶することが主な仕事だった。開設中の医療スタッフの振りわけは、現役の優秀な山岳部員が仕切ってくれるので全く問題はない。したがって、毎夏、診療所に登ればいいだけである。

私が40歳そこそこで信州大学に赴任した当初、登山口から診療所まで、ほぼ3時間で登ることができた。ところが、その10年後には3時間30分かかるようになった。すなわち、17％体力が低下したことになる。

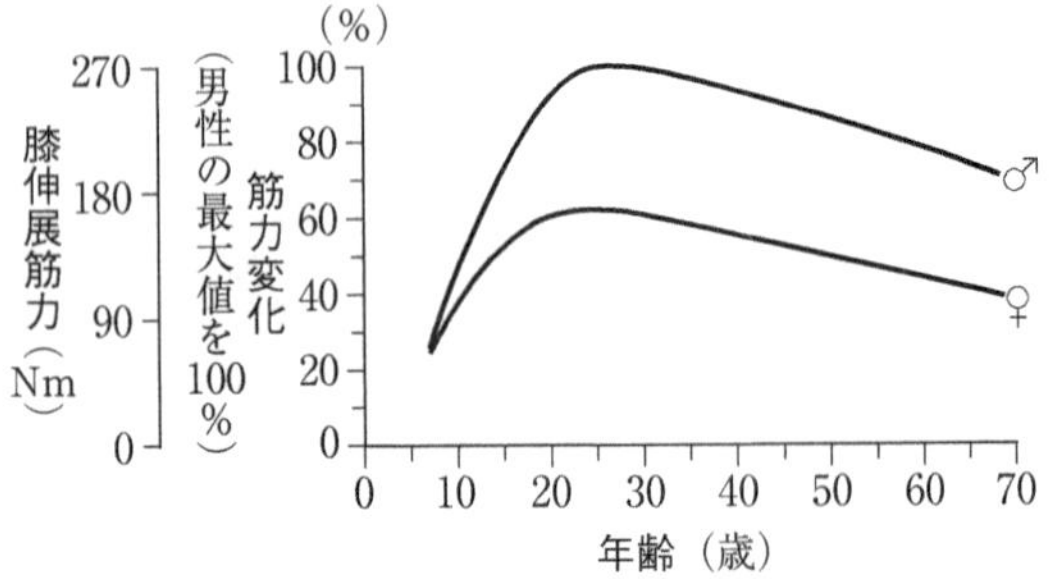

［図7］膝伸展筋力の加齢変化

図6に年齢と最大酸素消費量の関係を示す。この図からわかるように、私たちの持久力は、15～16歳をピークとし、それ以降、10歳年をとるごとに10mL／kg／分ずつ低下していく。このグラフによると、40歳で40mL／kg／分であった最大酸素消費量が、50歳で35mL／kg／分にまで低下する。すなわち13％の体力の低下が起きる。私の診療所までの登山時間の延長は、典型的な加齢による体力の低下によると考えてよい。

この体力の低下は主に下肢筋力の低下による。図7に年齢と膝伸展筋力の関係を示す。筋力の加齢性変化は、25歳のレベルを100％（270Nm）とすれば、35歳までで5％、その後は10歳年をとるごとに10％ずつ低下し、65歳では70％になる。膝伸展筋力の低下は、単に運動不足のためだけではない。髪の毛が白くなったり、肌にしわが寄ったりするのと同様、加齢現象の一つで、「老人性筋萎縮症」（サルコペニア）と呼ばれる。

膝伸展筋力の低下は、日常活動量を低下させ、そのため心肺機能の負荷が低くなり、最大酸素消費量の低下を引き起こす。

この現象は、何年もかけてゆっくり起こるものだから、ほとんど自覚症状がなく「いつまでも若いつもり」という、登山で遭難にむすびつく「大きな勘違い」が起こる。

ちなみに、この筋力が20歳のレベルの30％以下になると日常生活に支障が出て、自立した生活ができず、要介護状態となる。

適切な荷物の重さとは

表2は、最大酸素消費量と荷物の重さが山登りにどういう影響を及ぼすかを示したものである。最大酸素消費量と荷物重量に対して、その人が「ややきつい」（13点）で登山したときの1時間あたりの高度獲得速度である。当然のことながら、携行する荷物の体重に対する比率が大きければ、体力が低下しやすく、高度獲得速度も低下する。したがって、余計な荷物を極力携行しないのが、登山の鉄則となる。水、食料も例外ではない。

この計算は、Aさんの常念岳登山を参考に作成したもので、水平移動距離1０００ｍに対して獲得高度は３００ｍ、つまり3／10の斜度である。常念岳よりも斜度の高い山に「ややきつい」強度で登山したときの獲得速度は、一定の高度を稼ぐのに短距離しか歩く必要がないから効率は高くなる。したがって単位時間あたりで稼ぐ高さも大きくなると考えられる。

実際の登山では、急坂の場合、つづら折りに登山道が整備されているから、結局ある一定の斜

最大酸素消費量（mL/kg/分）	荷重（%体重）				
	0%	10%	20%	30%	40%
10	75	68	60	53	45
20	150	135	120	105	90
30	225	203	180	158	135
40	300	270	240	210	180
50	375	338	300	263	225
60	450	405	360	315	270

個人の最大酸素消費量と高度獲得速度（m/h）の関係。たとえば、最大酸素消費量が40mL/kg/分の人が空身で「ややきつい」と感じる速度で登山した場合1時間で高度300mを獲得できる。荷物は体重との割合で示した。体重70kgの人であれば10%の荷物は7kgとなる。

［表2］体力に応じた荷物の重さは？

度の道を歩くことになるだろう。逆に、斜度の低い山道を登る場合、一定の高度を稼ぐのに長距離を歩かなければならないから効率は悪くなる。極端な場合、もし、斜度ゼロの登山道を歩く場合、高度獲得の効率はゼロだから所要時間は無限になってしまう。実際に斜度ゼロの山はないだろうが、水平に近い道を歩く場合は、自分の日常のトレーニング時の歩行距離と時間を参考にすればよい。いずれにせよ、表2は、あくまでも一般的な登山道を想定した所要時間の目安と考えてもらえればよい。

表の活用の仕方だが、たとえば、ある登山グループが1000mの高度の山を正味5時間で登る計画を立てたとしよう。高度獲得速度は1時間あたり200mである。まず、表2から、最大酸素消費量が20mL／kg／分の人なら、空身でも1時間あたり150mでしか登れないから、メンバーの最大酸素消費量はそのレベル以上でないといけないことがわかる。

次に、小屋を利用しての1泊の登山を計画しているとすれば、通常の荷物が5kg程度なので、体重が70kgならその7％になる。計算を簡単にするため仮に荷物が体重の10％とすると、最大酸素消費量が30mL／kg／分の人は1時間に203mの高度を上ることができるので、1000m上るのに5時間弱かかることになる。50mL／kg／分の人なら3時間弱ということになる。

とはいえ、それぞれが自分の体力に合わせて、好き勝手な速度で登ったのでは、グループがバラけて、せっかくのグループ登山の楽しさが台無しになるし、安全面でも問題である。体力のある人がない人の荷物を持つ手もあるが、この程度の荷物は私物が多いので、他人に持ってもらうのに気が引ける人もいるだろう。したがって、この場合、登山に要する時間は体力の最も低い人で決定されることになる。そのため、一般に最も体力の低い人を先頭に、体力のある人を最も後ろにつけるような一列縦隊の登山をする。全体的に比較的荷物が軽く、登山計画に余裕があり、メンバーの体力に顕著な差がない場合には、これがベストな方法といえる。実際、「体力のない人を先頭か2番目に」というのは、広く推奨されている登山方法である。

では、登山時間が限られて、メンバーの体力に差があり、さらに、山小屋に宿泊するのではなく、テント、食料、自炊用具、寝具などを持参するような登山をする場合、どうすべきだろうか。たとえば、1泊登山の場合、メンバーの荷物は平均で15kg程度になるだろう。今、最大酸素消費量の30mL／kg／分と50mL／kg／分の二人のメンバーで、その荷物を担いで一緒に1000mを上るとする。このとき、体力の低い人が5kg、体力の高い人が25kgの荷物をそれぞれ背負えば、ほぼ同じ速度、同じシンドサで登山をすることができる。登山に要する時間は前と同じ5時間でおさまる。

5kgと25kgでは、荷物の大きさが全く違う。一見不平等に見えるが、登山の速度、安全性を考えればこれが合理的な選択である。体力差が大きい場合に、それを荷物量で調整するためには、「少し荷物を持ってあげる」という程度では足りないのである。

2 自分の体力の測定法

これまでの記述から、登山能力を決定するのに最も大切な指標は、個人の筋力、最大酸素消費量であることが理解していただけたと思う。これらの指標を含めて、自らの体力を測定するにはどうしたらいいのだろうか。ここでは、現場で簡単に体力を測定する方法を紹介しておく。

Aさんの最大酸素消費量は35mL／kg／分で、常念岳のような斜度の山の高度差1000mを上るのに4時間かかった。もし、体力が25mL／kg／分の人なら6時間、逆に、体力が45mL／kg／分の人なら3時間ということになる。この登山の所要時間は、目標の山の決定だけでなく、休憩時

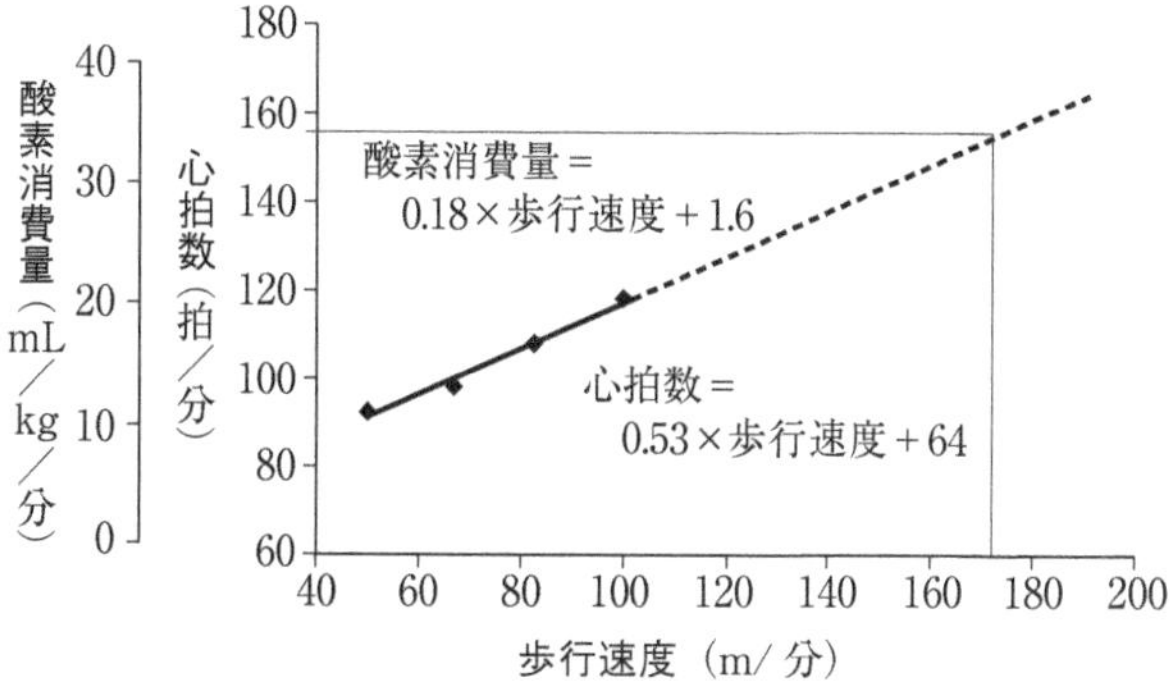

［図８］中高年者における歩行速度と心拍数、酸素消費量の関係。年齢が65歳の人の最大歩行速度が175m/分の場合、心拍数が157（拍/分）、最大酸素消費量は33mL/kg/分と推定できる。

間の決定、もし、天候に不安のある場合に撤退を決定するタイミングなどなど、さまざまな判断材料となる。

持久力を測ろう

最大酸素消費量は、簡単な歩行テストで推定することができる。図8は、中高年者42名に、水平のトレッドミル上を安静、50、67、83、１００ｍ／分で、それぞれ3分間ずつ歩いてもらったときの心拍数、酸素消費量の平均値を示したものである。酸素消費量は呼気ガス分析器で、心拍数は心電法で測定した。最高スピードを１００ｍ／分に設定したのは、トレッドミルの能力と被験者の安全性を配慮してのことである。

その結果、歩行速度に比例して、酸素消費量と心拍数は直線的に増加し、１００ｍ／分で、それぞれ

背筋を伸ばして、
姿勢よく歩く
1、2、3、1、2、3…
25mほど先を
見ながら歩く
腕は直角に曲げて、
大きく振る
柔らかくて、
曲がりやすい靴底で、
踵にクッション性がある
靴を選びましょう！
大股で！
踵から着地する

［図9］体力測定時の歩き方

20・0mL／kg／分、118拍／分であった。一方、年齢から推定される被験者の最高心拍数は、220から年齢63歳を差し引いて157拍／分になるので、これを外挿して最大歩行速度は175m／分、最大酸素消費量は33mL／kg／分と推定できる。

この理論で、以下の方法で自分の歩行速度から最大酸素消費量を計算できる。すなわち、自宅近くのグラウンド、公園など、あらかじめ距離のわかったコースを3分間全速力で歩き、最後の1分間で歩いた距離を測定する。なぜ、最後の1分間かというと、歩きはじめて1分間は、クレアチンリン酸系、解糖系によってエネルギー産生がおこなわれるために、酸素消費量がその運動強度に到達せず、2分目以降にならないと酸素消費量の指標にはならないからである。3分間に設定するのは確実性を担保するためで面倒なら2分間でもよい。

さて、図9に体力測定時の歩き方を示す。

①　肩の力を抜き、背筋を伸ばして、前方25mぐらい先を見る（下顎を少し引くような感じになる）。

②　大股で歩き、踵から着地するようにする。（最初慣れないうちは、1、2、3、とカウントし、3歩目を大きく踏み出すようにすると、大股で歩く感じをつかみやすい）

③　手を大きく前後に振るようにすると、大股で速く歩ける。

④　速く歩こうと気持ちが先立つと前かがみの姿勢になって、結局速く歩けないので注意する。

たとえば、読者が65歳で、3分間の最後の1分間で歩けた距離が140mだったら、図8から心拍数は138拍／分、酸素消費量は27mL／kg／分となる。年齢から推定した最高心拍数は、前述した「220－65」で155拍／分となる。ここから最大酸素消費量を求めると、最大酸素消費量＝155拍／分／138拍／分×27mL／kg／分＝30mL／kg／分、となる。

あるいは、もっと簡単に、本人が「かなりきつい」と感じる速歩を3分間実施しさえすれば、その距離から「年齢に関係なく」最大酸素消費量を推定することができる。表3に「かなりきつ

歩行速度（m/分）	最大酸素消費量（mL/kg/分）
40	10.4
50	12.5
60	14.6
70	16.8
80	18.9
90	21.0
100	23.1
110	25.3
120	27.4
130	29.5
140	31.6
150	33.7
160	35.9

「かなりきつい」と感じる速度で3分間歩行した時の平均歩行速度から最大酸素消費量を推定した。

［表3］簡易体力測定法。歩行速度から最大酸素摂取量を推定する

い」と感じる歩行速度から最大酸素消費量の推定値を示す。

筋力を測ろう

筋力は25mの全力歩行テストで測定することができる。体育館など床のフラットな場所で25mの直線距離をとり、そこをヨーイ・ドンで「全速力歩行」をする。歩き方は、上記の姿勢、歩き方だが、できるだけ歩数を上げて歩くように努力する。ちなみに、25m歩くのに要する時間は、長くても10秒なので、ほぼクレアチンリン酸系しか使っていない。クレアチンリン酸の含有量は筋量に比例するのだから筋力と比例するというわけだ。

このときの筋力は等尺性膝伸展筋力という。これは、たとえば、膝関節の角度を90度に曲げた

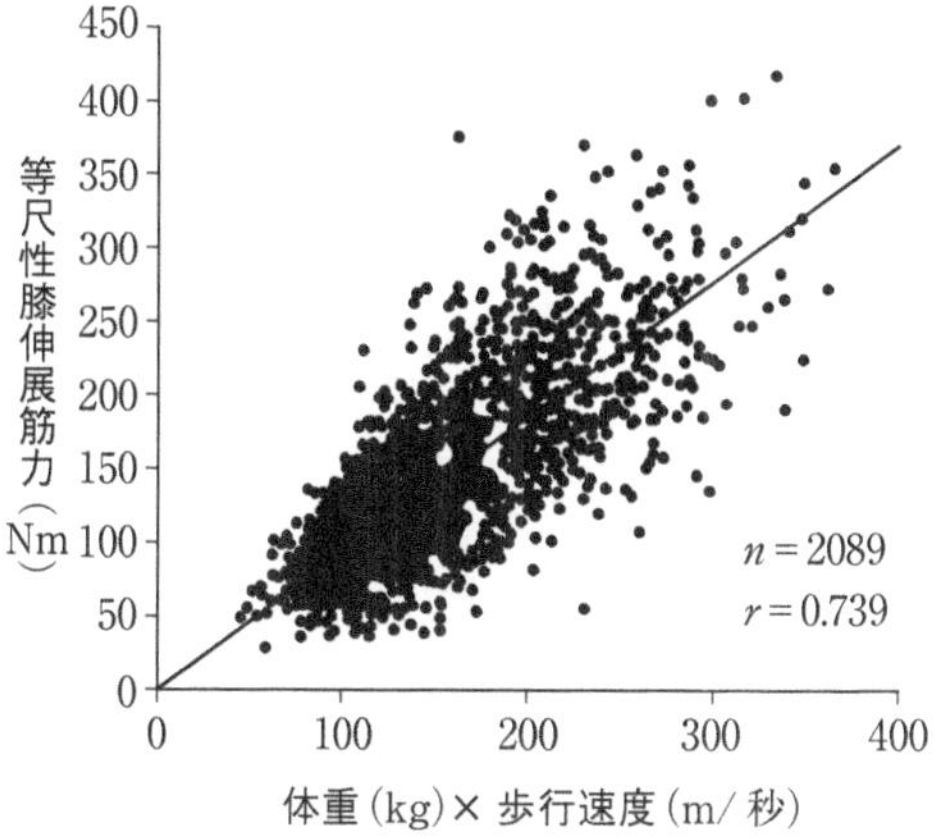

［図10］ 25m最大歩行速度と体重の積（力積）と等尺性膝伸展筋力の関係。筋力=0.914×力積の関係がある。

状態で固定してそれを蹴り上げようとしたときの筋肉の発生する力である。筋肉の長さが変化しないので「等尺性」という。

実際に、中高年者と大学生（合計２０８９人）で測定した結果を図10に示す。縦軸は等尺性膝伸展筋力、横軸は、体重と最大歩行速度の積で、両者がよく相関しているのがわかる。すなわち、筋力は体重と最大歩行速度の積に係数（０・９１４）を掛けると求めることができる。このとき、筋力の単位はNmで表す。

表４にこの式で求めた25ｍ最大歩行速度からの膝伸展筋力の推定値を示した。さらに20歳代男性の平均的な筋力が２７０Nmだから、図7から、筋力年齢を求めることができる。たとえば、Ａさんは体重70kgであるが、25ｍの最大歩行速度が7秒とすれば、体重×最大歩行速度＝２５０（kg・m

体重×歩行速度（kg・m/秒）	等尺性膝伸展筋力（Nm）
50	45
100	90
150	135
200	180
250	225
300	270
350	315
400	360

全力で25mの距離を歩行した時の速度に体重を掛けた値（力積）と等尺性膝伸展筋力との関係。

［表４］25m最大歩行速度からの膝伸展筋力の推定値

／秒）だから、筋力は２２５Nmとなる。それは、50歳相当の筋力となる。

筋力のなさを痛感するのは、上りよりも、むしろ下りである。さらに、体重や荷物が重いほど高い筋力を必要とする。具体的には筋力を（体重＋荷物）で割った値が、２・５Nm／kg以下になったら山の下りが辛くなると考えてよい。Aさんの筋力が２２５Nmなら、体重と荷物を足した重量が90kg以上になると２・５Nm／kgを下回る。筋力２００Nm（65歳男性相当）なら80kg以上である。もしそうなれば、体重を落とすか、荷物を軽くするか、ストックを携行するか、がとりあえずの対策である。

表２で示したように、体重70kgで最大酸素消費量が30mL／kg／分の人が７kgの荷物を背負って１０００mの高度差を上るのに休憩なしで５時間かかる。一方、最大酸素消費量が60mL／kg／分の人ならその半分の時間で上ることができる。もし、一緒に登るのなら、前に述べたように体力の低い人に登るペースを合わせ、荷物はできるだけ体力のある人がない人の分まで背負うのが登

山の速度、安全性の面からもよい。

また、中高年者では筋力と最大酸素消費量は相関する。すなわち、30歳以降10歳加齢するごとに5～10％ずつ最大酸素消費量（持久力）が低下するが、それは加齢による筋萎縮（サルコペニア）が原因である。したがって、筋力の劣化を防ぐような運動トレーニングを実施すれば持久力もおのずから強化できるし、逆に、持久力を向上させるような運動トレーニングをすれば筋力もそれに伴って向上する、ということだ。もし、メンバーの「足並み」がそろえば、対象とする山のバリエーションは著しく多くなる。

2-3 食料と水分補給

水分補給の必要量

この項では、登山にどれくらいの水を持って行けばよいか、を解説しよう。

表5に気温と湿度別に1時間あたりの発汗量を示した。Aさんの常念岳登山を例に説明しよう。すなわち、体重70kgの人が5kgの荷物を背負って標高差1000m上るのに必要なカロリー消費量が1658kcalで、そのうち80％が熱として体外に放散されるとすれば、総放散熱量は13

湿度（%）	気温（℃）		
	5	15	25
30	150	330	480
40	180	380	560
50	220	460	670
60	270	570	840
70	360	760	1120

無風状態で、身長170 cm、体重70kgの人が5kgの荷物を背負って、250 m/時の獲得高度で登山した場合を想定した。その時の有効熱放散面積が、気温5℃の時は体全体の40%、15℃の時50%、25℃の時60%になるように衣服で調節し、平均皮膚温を33℃であると仮定した。発汗量はmL/時の単位で表す。

［表5］気温・湿度による発汗量

26kcalとなる。

やや強引だが、いくつかの仮定をおいて、非発汗性の熱放散を計算すれば総発汗量を算出できる（詳細は巻末の熱放散に関する計算式**2**を参照）。その結果、もし、気温が5℃、湿度30%の涼環境で登山をした場合、1000m上がる場合の発汗量は600mL程度である。一方、気温が15℃、湿度が60%の環境なら2300mLの汗をかくことが予想できる。脱水に伴う喉の渇きなどの症状は発汗量500mL以上で起こるので、前者の環境ならほとんど水分補給の必要はないが、後者の場合、水筒の容量が500mLで、かつ登山道にほぼ等間隔に水場があるのなら、出発時、目的地到着後を含め4回の水分補給が必要である。

もし、行程中に水場が全くなければ、発汗量に匹敵する水分を持ち歩かなければならない。下山時は、登山時の30%の総放散熱量である。前者の場合、下山開始時に

500mLの水筒をいっぱいにしておけば補給の必要はないが、後者の場合、1回程度の補給が必要になる。なお、登山中には発汗のほかに呼気や尿中への水分の喪失が起きるが、1時間あたりそれぞれ25mL、45mL程度で、発汗に比べ少量である。

もし、数日にわたる登山をする場合、これらの水分は夕食時に十分摂取し、脱水状態を翌日まで持ち越さないようにする。自分が脱水状態かどうかは、排尿の頻度のほか、尿の色を見ればわかる。黄色味が強ければ脱水気味なので、喉の渇きに関係なく水分を補給する。

グリコーゲン回復が大切

前に述べたように、Aさんのような体重70kgの人が、5kgの荷物を担いで、常念岳のような斜度3／10の山の高度差1000mを登るのに必要なカロリーは1658kcalである。そのうち490kcalが体内のグリコーゲン、残りの1168kcalが体脂肪に由来する。その場合、グリコーゲンの消費量が132gになるが、筋肉内に蓄えられているグリコーゲン量は200gなので、その70%を上りだけで消費することになる。下りに消費するグリコーゲン量を考えれば、残されているエネルギーはそんなに余裕があるわけではない。

読者のなかには、体にいっぱい蓄えている脂肪を使えばいいではないか、とおっしゃる方もいるかもしれない。しかし、「ややきつい」運動を実施しているときのエネルギー源は、60%をグリコーゲンに頼らざるを得ない。さらに、非常事態が起きれば、「ややきつい」以上の強度運動をしなければならない。そのとき、脂肪を燃焼させるにも、若干だがグリコーゲンが必要である。したがって、できるだけグリコーゲンの消費を節約し、登山中にその補給に努めなければならない。Aさんも、登山中にグリコーゲン補給が必要だったのである。

グリコーゲンの回復には、糖質が有効である。実際、登山中に腹が減りすぎて歩けないとき、飴などをほおばるとお腹に力が入って、また歩くことができたりする。私も学生時代、グリコのキャラメルの箱に書いてある「1粒300メートル」のキャッチに真実味を感じたものである。

炭水化物食で問題なし

私が学生時代に所属していた山岳部は、体力が低いのに、他大学なみの質の高い登山をすることを目標にしていて、そのための鉄則は、荷物をできるだけ軽くすること、余計な食料は一切持って行かないことだった。したがって食料は炭水化物だけでよい、とされた。すなわち、1週間そこそこの登山で、タンパク質やビタミン欠乏症が出ることはないので、それらは下山したときにゆっくり補給すれば十分、というのだ。食事で頭を悩ますよりも、軽い荷物で機動力をつけ、雄大で美しい景色を思う存分楽しむ「心」を磨くことこそ大切だ、という思想を先輩から刷り込まれた。

学生のころの典型的な夏山合宿では、剣沢で1週間滞在し、剣岳で岩登りを主体とした放射状登山をおこない、その後、少人数のグループにわかれて、さらに1週間縦走をした。2週間分の食料、テント、炊事用具、ザイルなどの登攀《とうはん》道具などを大きいキスリングザックに詰め込んで立山の室堂から入山したが、そのときの重さは、食料を削りに削っても、30kg以上あったと思う。それを背負って剣沢カールのテント場まで上るのだが、いまだにそのときの一ノ越山荘に続く雷鳥沢の急登を忘れることができない。当時の学生は貧乏で、京都から夜行急行で富山に入り、早朝、富山地鉄、バスを乗り継いで室堂に入った。寝不足の体にこの急登はこたえた。

さて、合宿中、わずかに持ってきた野菜、果物、ベーコンなどは最初の1週間で食いつくし、残りは、まさに炭水化物とカレールーなどの香辛料のみの食事になった。それでも無事下山できたので、炭水化物ばかりでも問題はなかったのだろう。

しかし、縦走が終わるころ、仲間の顔が何となく浮腫《むく》んで見えたのは、今から思えば日焼けのためだけではなく、タンパク質不足、ビタミン不足だったのかもしれない。実際、縦走で剣沢から立山を経て五色ヶ原についたとき、テント場の水場で拾ったキャベツの「芯」のおいしかったこと。黒四ダムのほうから登ってきた「裕福な」社会人山岳会の方が捨てていったのだろうが、今でもその形、色まで覚えている。

登山中の食事メニュー

40年以上前になるが、少し話題になった映画で『さらば白き氷壁』（1972年・西独）というのがあった。有名なイタリアの登山家ヴァルテル・ボナッティが仲間数人とモンブランのフレネイ中央岩稜に挑戦した様子をドキュメンタリータッチで再現したもので、映画の撮影中に何人かのカメラマンが墜落死したことでも話題を呼んだ。映画の本筋に全く関係ないのだが、何日もかけて岩稜を登攀したわりには彼らのザックが非常に小さくまとまっていたのに驚いた。また、食事のシーンもあったが、チーズ、チョコレート、ココアなどを飲むだけの簡素なもので、当時私たちの常識となっていた鍋、釜を使った食事風景とは大違いだった。

しかし、鍋釜を使わずとも、単位重量あたりのエネルギーの高い食料があれば、それで十分なのである。表6に「100kcal摂取するのに何g食べなければならないか」を示す。登山中の食材の原則は、高炭水化物食であること、体積が小さいこと（かさばらないこと）、水を含んでいないこと、調理が簡単であること（調理するのに水を無駄に使用しないこと）などがあげられる。表から、精米、餅の重量が多いのは、食材に水を多く含んでいるためで、ピーナッツ、バター、ラード、カレールーの重量が小さいのは脂肪を多く含んでいるからだ。いずれにしても、登山中の燃焼比率から、炭水化物6に対して脂肪が4の割合になるようにメニューを決めればよい。

それらを踏まえたうえで、私たちのメニューを参考に述べる。「朝食」はインスタントラーメン、餅がよい。理由は、糖分が多く、調理が簡単で、体が温まりやすく、すぐ出発しようという気分になるからである。通常のインスタントラーメンはかさばるので素麺《そうめん》のように真っ直ぐな麺を束ねたのがよい。また、餅は体積が小さく消化も速いのでたくさん食べてもお腹にもたれないし、単位体積あたりのカロリーも高いので、朝食で食べれば行動中あまりお腹がすかない。登山開始5分以内に活動筋での糖の取り込みが始まるが、朝食終了後30分で血中の血糖濃度がピーク値になるので、朝食で摂取した糖分が登山中の筋収縮のエネルギー源として十分用いられる、と

100kcalとるために何g食べなければならないか

食品名	g
ハム 	50
コンソメ	50
餅	44
食パン 	38
コンビーフ	38
干しぶどう	31
鰯丸干し	31
プロセスチーズ	30
精米	29
スパゲッティ	28
砂糖	26
ココア	25
インスタントラーメン	24
キャラメル	24
ビスケット 	23
カレールー	21
凍り豆腐	19
チョコレート 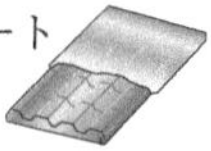	19
ピーナッツ	18
バター	14
ラード	11

［表6］食品とカロリー

考えてよい。

「昼食（間食）」は、食べやすさを優先する。したがって、ビスケット、パン（パウンドケーキ）、キャラメル（飴、ブドウ糖錠剤）、チョコレート、ドライフルーツがよい。いざというときに行動しながら食べられる点でもすぐれている。おにぎりは気温が低くなると食べづらくなる。

「夕食」は乾燥米、カレー、シチュー、味噌汁などの汁物に、具として、ベーコンなどの脂物、乾燥野菜を入れる。夕食は、登山中にゆっくり水分・エネルギーを補給できる唯一の機会である。このときに摂取するブドウ糖は、登山中に消費された筋肉のグリコーゲンを回復するのに用いられ疲労回復につながるし、タンパク質は、登山中に損傷した筋線維の補修に使われ、翌日の筋肉痛を和らげる効果がある。

この反応に用いられる酸素消費量はＥＰＯＣ（Excess Post exercise Oxygen Consumption）と呼ばれるが、そのときのエネルギー源として脂肪も用いられる。したがって、食事のなかに脂肪食材を入れると炭水化物消費の節約になる。また、タンパク質、脂質は「特異力学作用」といって、消化吸収に体がエネルギーを使うのでさらに体が温まる。ただし、体が疲れているとき、高所登山（標高３２００ｍ以上）のときは、脂っこいものは体が受けつけにくくなっているので注意する。

また、水分の摂取も夕食時におこなう。行動中は、気温の影響などもあり、喉の渇きを感じにくくなっているが、体が温まり、血中のブドウ糖濃度が上昇してくると、喉の渇きを感じるようになる。したがって、このタイミングで水を十分摂取する。この際、汁物と一緒に塩分をとれば汗で失った塩分を回復できるし、紅茶やココアに砂糖を入れて摂取すれば筋肉のグリコーゲンの回復の一助になる。

一方、夏山でも水場がテント場から遠く離れていて水を得にくい場合があるし、秋山は稜線で雪渓がなくなり水を得にくいことがある。また、冬山、春山では雪を溶かして水を作らなければならない。したがって、水の確保は四季を通じて登山においては重要事項である。十分な量の水を確保し、夜のうちに摂取してその日の脱水を回復しておくことが、翌日以降の行動をスムーズにするうえで大切だ。

そのほか、登山中に大量の発汗によって脱水が起こり便秘になる人が多いので、乾燥した寒天類を持参し、適宜食事のときに摂取すればよい。脱水気味になったときのレモンなどの果物、新鮮野菜類のおいしさは格別なので、荷物にはなるが、事情が許せば持って行くとよい。

登山中の飲酒が好きな方も多い。登山中の酒は酔いやすいが、その原因は、おそらく低酸素による過呼吸で、アルコールの代謝物質であるアルデヒドから出る酸を緩衝する血中の重炭酸イオン濃度が低くなったからだと考える。また、酒には利尿作用があって体が脱水気味になるので注意する。

2-4 スポーツドリンクとアミノ酸飲料

登山で気をつけたいのは水分補給である。登山中は日常生活に比べて多くの水分が体から失われるからである。水分摂取にスポーツドリンクを用いる登山者が多いが、どういう効果があるのだろうか。

スポーツドリンクの効果

私たちは、中高年者を対象に、登山中のスポーツドリンク（糖質6％、食塩0・12％）が疲労を軽減するかどうか、を検証するためのフィールド実験を2011年におこなった。方法は、Aさんの実験と同様、合計18名の中高年者に1000m高度差の常念岳を登っていただいた。参加者18名を真水またはスポーツドリンクを登山中自由に摂取する2グループにわけ、疲労度の指標として4時間の登山中のエネルギー消費量と心拍数を測定した。そして、登山開始後1時間で元気な状態と登山終了前1時間の疲労困憊に近い状態のそれぞれの値を比較した。

その結果を図11（左）に示した。スポーツドリンクを摂取したグループも真水を摂取したグループもともに、登山開始時に比べ、終了時において、1分間あたりのエネルギー消費量が80％程

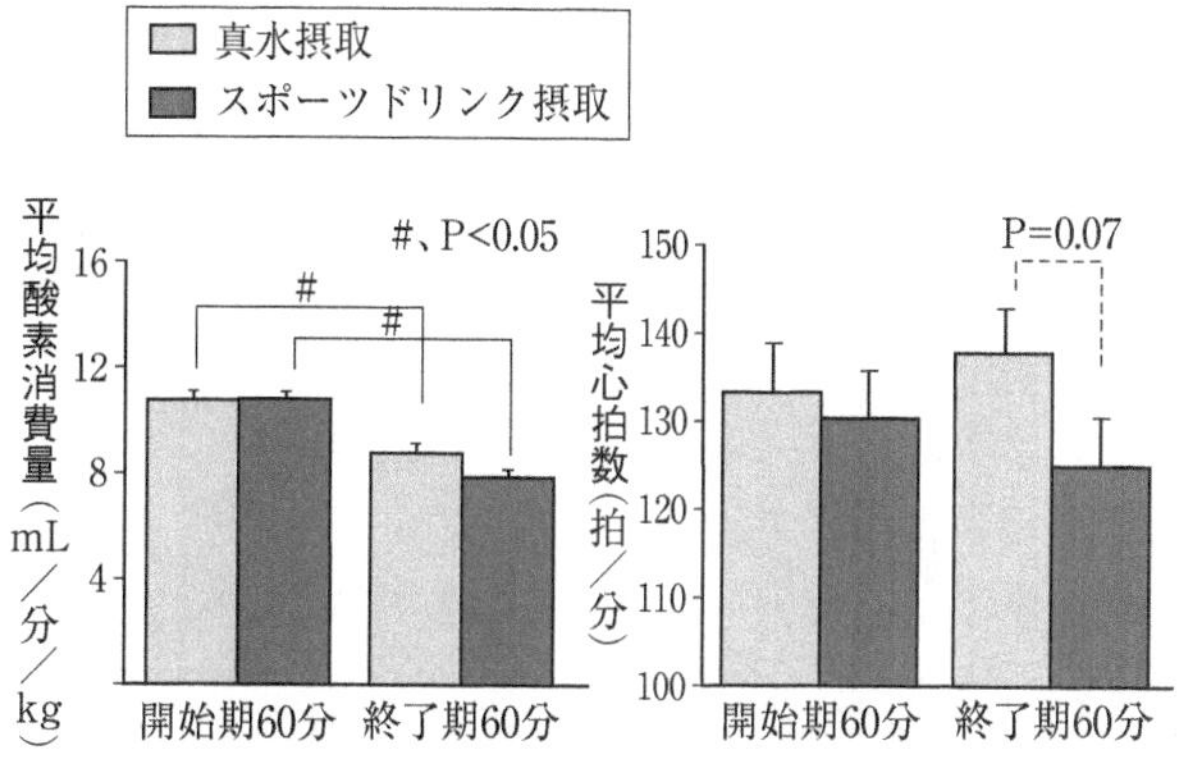

［図11］真水摂取とスポーツドリンク摂取で、登山時の疲労がどう違うかを比較した。常念岳登山実験で４時間かけて登山した際の、登山開始後の60分間と登山終了前60分間の酸素消費量（エネルギー消費量）と心拍数を各９名で測定。エネルギー消費量は両群で差は認められなかった（左図）。一方、平均心拍数はスポーツドリンク群で10拍／分低い（右）。同じエネルギー消費で登山しているにもかかわらず、スポーツドリンク摂取のほうが「楽」であることがわかる。

#は、統計的に有意な差があることを示す。縦バーは標準誤差の範囲で平均値の変動範囲を表す

度にまで低下していた。ちょっとスタミナ切れだが、両群間で差はない。一方、図11（右）で示すように、スポーツドリンクグループでは、同じ強度で運動しているにもかかわらず、登山終了1時間前に1分間あたりの心拍数が真水グループに比べ10拍／分低い。すなわち、表1にしたがって心拍数から主観的運動強度を換算すると、真水グループでは「非常にきつい」だが、スポーツドリンクグループでは「きつい」となり、同じ速度なのに、楽に登山をし

ているのがわかる。

この原因は、何であろうか。ひとことでいえば、スポーツドリンクグループでは体温の上昇が抑制されたからである。体温が0・1℃上昇すると、5拍／分ほど心拍が上昇することが知られているので、真水グループではスポーツドリンクグループより0・2℃ほど体温が上昇していることが予想される。このようにほんのわずかな体温の差でも登山のシンドサが違うのだ。登山中の水分摂取量は、スポーツドリンク、真水両グループで1300mLと差がなかったので、スポーツドリンクグループでは真水グループに比べ、血液量の回復が進み、体温調節能が維持された、と考えられる。

血液量と体温の関係

なぜ、血液量の回復が進むと体温調節能が維持されるのだろうか。それは、ヒトが立位姿勢で登山をしていることと関係がある。立位姿勢でいると全血液の70％が心臓より下に位置する。体温が上がって皮膚の血管が拡張すると、重力の影響でこの拡張した皮膚血管に血液が溜まる。読者が実際これを確かめるには、前腕を心臓より下の位置に下げればよい。静脈血管が浮かび上がってくるはずだ。これは、皮膚の静脈に血液が溜まっているためである。前腕の場合、容量が小さいので溜まる血液量もさほど多くないが、下肢の場合、容量が大きいので溜まる血液の量も多い。

体温が上がっていない状態でも臥位から立位になるだけで下肢に500mLの血液が溜まるとされる。さらに、高体温になれば1Lの血液が溜まる。その結果、心臓に還流する血液の量が少なくなって、心臓から送り出される血液量も減り、その結果、皮膚血流が減る。したがって、汗を作る装置である汗腺に供給される水、電解質の量も少なくなって、体温調節能が低下するのだ。

さらに発汗によって血液量が減れば、心臓へ還流する血液量がますます減り、体温調節能が低下し、体温が上昇する。その結果、心拍数が上昇して疲労感が増加する。汗による1Lの脱水で100mLの血液量が減り、体温が0・1℃上昇し、心拍数が5拍／分余計に上昇するとされる。

したがって、血液量を回復することが登山を快適にするために必要なのだ。

食塩とブドウ糖が重要

スポーツドリンクのほうが真水に比べ血液量の回復を促進すると考えられるが、そのメカニズムは何であろうか。

一つは、スポーツドリンクに含まれている食塩である。体液の塩分濃度は0・9％だが、汗にはその半分の濃度の塩分しか含まれていない。今回、4時間の登山で1500mLの発汗が起こったので、7gの塩分を体外に喪失したことになる。水分摂取量1300mLだったので、これをそのまま水だけ摂取すると体液の浸透圧（塩分濃度）が低くなってしまう。そこで、浸透圧を下げる余分な水分を尿として腎臓から排泄してしまうのだ。その結果、いくら水分だけを補給しても脱水が回復せず、したがって、血液量は回復せず、体温調節能も回復できない。一方、もし、飲料に塩分が含まれていれば、体の浸透圧が低下せず、摂取した飲料の水分は体に留まり、血液量が回復して体温調節能が維持できる。

もう一つは、スポーツドリンク中のブドウ糖である。摂取された飲料は腸管から吸収されるのだが、それは腸管内の飲料と体液との浸透圧の勾配によっておこなわれる。だから、真水が最も腸管からの吸収が速い。しかし、真水は体内に留まれず尿として排泄されてしまう。一方、食塩は血液量の回復には有効だが、それを含む飲料は腸管からの吸収が遅い。

たとえば、私は学生のとき、生理学の実習で、体液と同じ濃度である0・9％の食塩水（味噌汁の塩分濃度）を1L飲まされたことがあるが、その後、お腹にもたれてとても苦しく、数時間は吐き気、頭痛までした。その原因は、飲料中の食塩のナトリウムイオン（Na^+）は、まず腸管細胞に存在する輸送体によって腸管内から体内に吸収され、それによって生じる腸管細胞間の浸透圧勾配によって水が吸収されるが、その速度が非常に遅いからだ。しかし、その際、飲料中に1％のブドウ糖を含ませておくと、この輸送体が著しく活性化して、ナトリウムイオンの吸収が加速するので、真水なみの速度で水が吸収される。したがってお腹にもたれない。

現在のスポーツドリンクと呼ばれているものは、0・1～0・2％の食塩（主にナトリウムイオン）と6％の炭水化物（ブドウ糖、果糖、ガラクトースの混合物）であるのが一般的だ。食塩の濃度は汗に比べてやや低く、食塩の吸収促進だけを目的とするには、ブドウ糖の量がやや多い。その理由をメーカーの方に尋ねると、食塩摂取が高血圧症予防との関連で消費者に受け入れられ難いこと、また、多めの炭水化物については長時間の運動時に大量に消費されるグリコーゲンを回復するためだという。ただ、まずいと売れないので、最も重要なのは味であるとのことだった。

最近、高血圧対策から食塩の量をより減らしたり、あるいはメタボ対策から、ブドウ糖の量を減らしたりする飲料がスポーツドリンクとして市販されている。しかし、これらの商品は、運動時の大量発汗による脱水を早期に回復する、という本来のスポーツドリンクの目的から逸脱するものだ。たとえば、糖尿病・肥満予防として、ブドウ糖を果糖、ガラクトースに置き換える商品が販売されているが、果糖、ガラクトースは、ブドウ糖に比べれば腸管細胞に輸送体が少なく、さらに、その輸送体に食塩の腸管からの吸収も促進する機能もないので、真水よりむしろ血液量の回復が遅れる可能性があるし、大量に摂取すれば下痢をする可能性さえある。また、高血圧の発症予防から、ナトリウムイオンをカリウムイオン（K^+）に置き換える商品があるが、運動中は活動筋から多くのカリウムイオンが放出され、ただでさえ血中濃度は上昇気味で、これは心臓の収縮のリズムをつかさどるペースメーカーに悪影響を与え、最悪、突然、心臓が止まったりする。したがって、体は積極的に腎からカリウムイオンを排出するように働く。このような状況下であえてカリウムイオンを大量に補給する必要はない。

以上のことから、登山のように多くの汗をかく運動時には、ナトリウムイオンとブドウ糖を多く含んだスポーツドリンクを選んで飲むことが必要だ。液体飲料は荷物が重くなるから、市販されている粉末を持参し、現地で調達した水で溶かして飲めばよい。

また、スポーツドリンクは薄めて飲んだほうがいいという人もいるが、それは正しくない。現在市販されているスポーツドリンクなら、登山中に摂取する食塩はせいぜい3～4gで、一般に推奨されている一日の食塩摂取量が10gであることや、登山中に汗で失う食塩の量を考慮すれば、高血圧症を心配するほどの量にはならない。また、ブドウ糖も摂取するのはせいぜい10gで、前に述べた登山で消費するグリコーゲン量を考慮すれば微々たるものだ。

結論としては、楽に登山をするには、ミネラルウォーターよりスポーツドリンクをそのまま飲むほうがよい。

アミノ酸飲料の効果

最近、側鎖アミノ酸（ロイシン、イソロイシン、バリンなど）を含んだ飲料などが、持久性運動中に抗疲労効果があるという謳い文句で市販されている。ＢＣＡＡ（Branched Chain Amino Acids）といえば、ご存知の方もおられるであろう。「持久系アミノ酸」などと名付けている企業もある。こうした成分の補給には意味があるのだろうか。

運動時に「疲れた、もう歩けない」といった主観的疲労感を発生するのを中枢性疲労という。それは脳内のセロトニン濃度の上昇に依存し、その脳内生成は血液中のトリプトファンというアミノ酸を原料とするとされる。

一方、運動強度、運動継続時間が増加すると、側鎖アミノ酸の筋肉内での消費が高まり、それらの血液中の濃度が低下する。重要なことは、この側鎖アミノ酸とトリプトファンが血液中から脳内にアミノ酸を取り込む際の輸送体を共有していることだ。そのために、運動によって血液中の側鎖アミノ酸の濃度が低下すると、相対的にトリプトファンの血液中から脳内への移動速度が高まり中枢性疲労を発生するという。したがって、運動中に側鎖アミノ酸を補給すれば、この中枢性疲労を防ぐことができるので、どんどん運動ができる、という理屈である。

あるいは、高い強度の運動を長時間おこなうと筋線維の微小な損傷が起こり、それを修復しようとする炎症反応が起きる。登山をしたあと、筋肉痛が起こり、その患部に手を当てると温かいのは、そこで炎症反応が起こっている証拠である。その際、側鎖アミノ酸を摂取すれば、筋線維の修復に用いられるので、炎症反応の軽減につながり、登山後の筋肉痛を緩和できるともいわれている。

2-5 疲労を防ぐ歩行術

乳酸を産生しないように歩こう

個人の最大体力の60％以上の強度の運動では、筋肉で乳酸が産生される。筋肉中の乳酸は筋肉痛を引き起こし、血液中に分泌された乳酸は息切れを引き起こす。そして何よりも、乳酸の原料はブドウ糖なので、限られた燃料である筋肉中のグリコーゲンを消耗してしまう。グリコーゲンを使いきってしまうと登山の継続が困難になる。

また、筋肉中で産生された乳酸は、筋肉の血管を拡張させて、毛細血管圧を上昇させ、血管内から血管外へ血液の水分を移動させる。さらに、細胞内に乳酸が蓄積すると浸透圧が上昇し、血液から水分を引き込み、これらは、血液量を減少させる。それらの結果、心臓に還流する血液量が減少してしまう。そのため心臓は1回の収縮で駆出する血液量が少なくなってしまい、一定の運動強度に応じた筋血流を維持するために多く心拍数を必要とする。また、心臓への血液還流量の減少は、心房にある圧受容体を介して、皮膚血管拡張を抑制し、体温調節能を低下させる。そのため、体温が上昇し、それに比例して心拍数がさらに上昇する。それらの結果、主観的な運動強度（シンドサ）が増加する。

以上の結果から、登山では乳酸を産生しないようにすることが大事である。そのためには、できるだけゆっくり歩くのがよい。

膝の関節をうまく使おう

登山の歩行の基本は、体の軸を重力に対して鉛直に置き、重心の無駄な上下動を少なくすることである。

たとえば、坂道を上るときに、片足を踏み出す動作を分析すれば、膝を前に突き出し、膝関節を屈曲させ、つま先を上げ、足底全体が地面に密着するように置く。足底全体を地面に密着させるのは摩擦力を強くしスリップを防ぐためだ。その際、残された下肢の膝関節をできるだけ伸ばすと重心の位置が高くなり、踏み出した下肢への体重の上方向の移動距離が少なくて済む。次に、体重を移動しながら、踏み出したほうの下肢の膝関節を徐々に伸ばす。

一方、坂道を下るときに、片足を踏み出す動作を分析すれば、膝を前に突き出し、膝関節を伸ばしたまま、つま先を上げ、足底部全体が地面に密着するように置く。次に、残された下肢にかかっている体重を踏み出した下肢に移動するのだが、その際、残された下肢の膝関節を屈曲すれば重心の位置が低くなり、踏み出した下肢へ体重の下方向の移動距離が少なくて済む。さらに、踏み出した下肢に体重が移動するにつれて、その膝関節を屈曲させると、体重移動による膝関節への衝撃を少なくすることができるし、筋肉の過剰なエキセントリックな収縮による傷害を防ぐことができる。

以上、登山は膝関節の伸展、屈曲をうまく使うことが疲労を予防するのに重要だ。

汗を出さないように歩こう

山に登ると、気圧が低くなる。気圧の低下は、汗をかきやすくし、脱水による疲労を促進する。また、特に気温が低くなる冬山などでは、運動中にかいた汗が、休憩中に結露し、皮膚と下着の間の空気層を破壊し、熱放散を促進する。これは、低体温症の原因となる。

したがって、登山中には過剰な体温の上昇は避けるべきである。そのためには、ゆっくり歩くことと、衣服は重ね着をし、暑さの主観的な感覚にしたがって、適切に着脱を繰り返す工夫が必要である。

2-6 病気と怪我の予防

全登山者の1%が事故・病気に遭う

登山は本来、楽しいはずのもので、登山中に病気や怪我に陥ると、登山自体が台無しになってしまう。その発生比率は、全登山者の1％程度である。この数字が多いか少ないかは意見がわかれるかもしれないが、登山中の病気は十分予防できると考えられる。

図12に２００８年から２０１２年の5年間に長野県内で発生した遭難事故件数とその原因を表す。まず、事故を起こしたのは70％以上が中高年者で、そのさらに70％以上が男性であることがわかる。

図13にその原因を示す。遭難原因は、大きくわけて、「転倒・転滑落」「病気」「疲労・凍死傷」がある。60％以上が転倒・転滑落であるが、転倒・転滑落も疲労が蓄積したときに起きやすい。すなわち、遭難の多くは疲労が原因で、それは加齢による体力の低下によると考えてよい。したがって、登山中の事故や怪我を防ぐには、自分の体力を客観的に把握し、それに合った山を選び、登山計画を立てることが非常に重要である。

図14は2008年から2012年の5年間の信州大学医学部山岳部常念診療所を受診した総患者330人の疾患別比率を表す。最も多いのは、転倒などによる擦過傷・切り傷・関節痛・打撲・捻挫などの整形外科的疾患で全体の半数近くを占める。ついで咳、頭痛、吐き気など高所反応の症状が続くが、これは感冒（いわゆる風邪）と区別がつきにくい。高所反応の場合、大気が薄く気温の低い場所に登ったときの生体反応で、体を温かくし、甘い飲料を摂取し、しばらく横

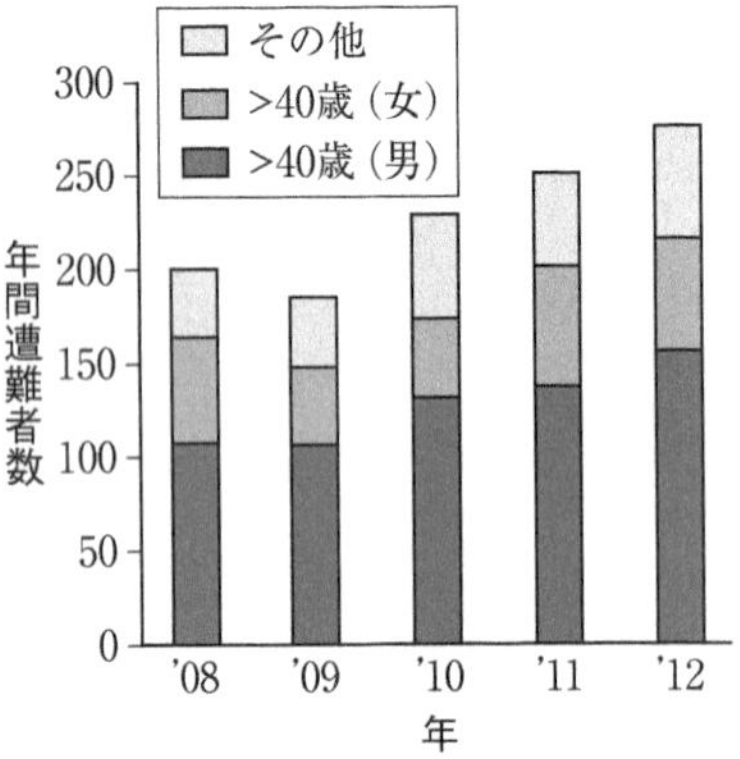

［図12］長野県内の2008〜2012年までの年間遭難者数の推移。40歳以上が全体の70％以上を占める。さらに、男性がその70％を占める。

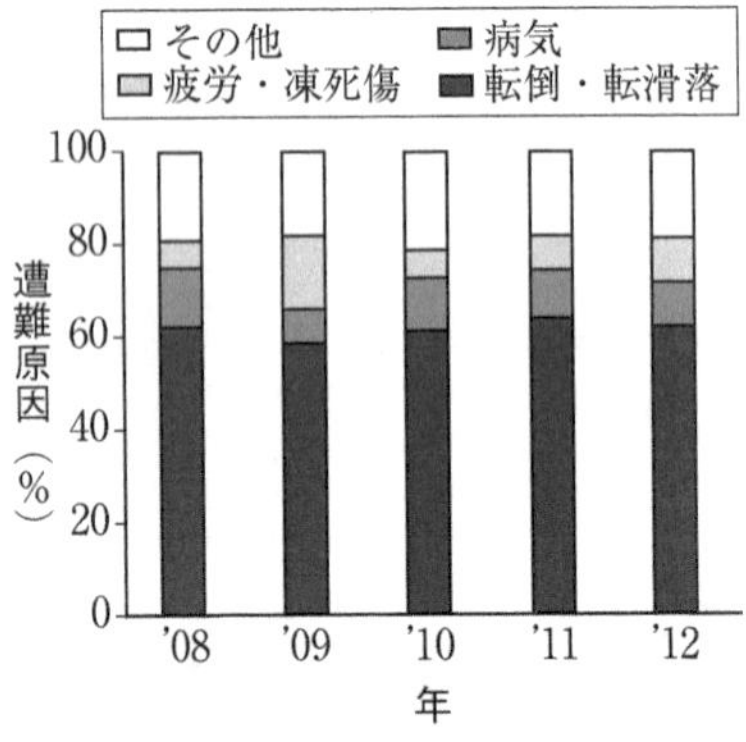

［図13］長野県内の2008〜2012年までの年間遭難原因。転倒・転滑落が、全体の60％以上を占める。

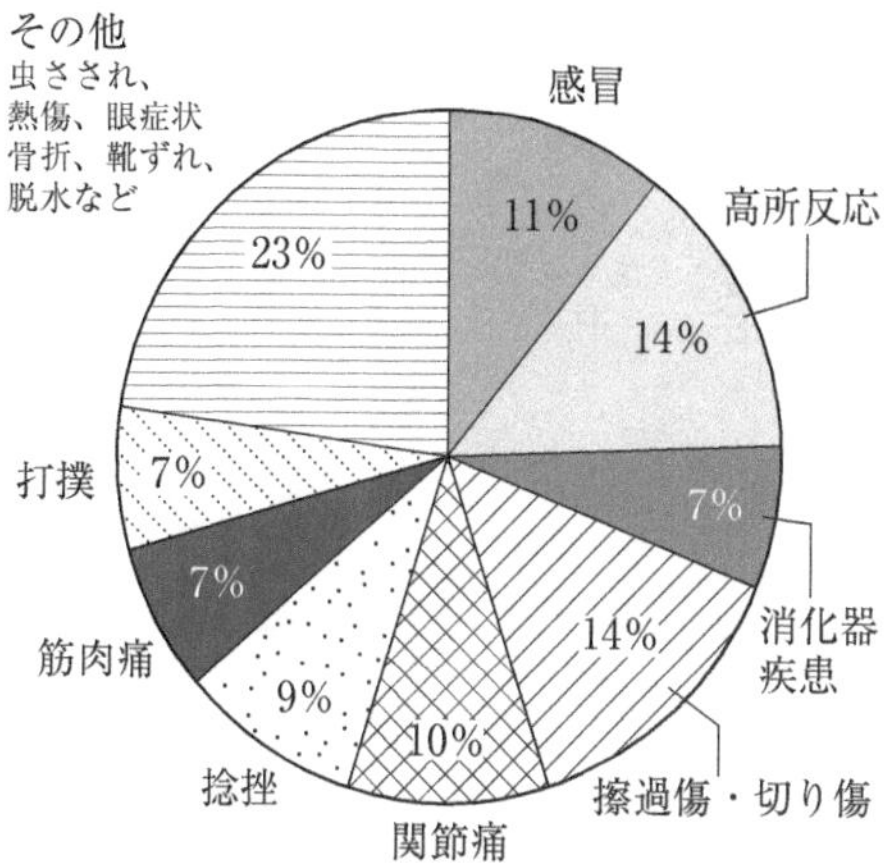

［図14］信州大学医学部山岳部・常念診療所に診察に訪れた患者の症状。外傷、関節痛など、整形外科的疾患が半数近くを占める。

になっていれば、数時間でよくなる。「その他」のなかには、年によって頻度は異なるが、虫さされ、熱傷などがある。

また、あとで詳細に述べるが低体温症は命にかかわる重大な疾患である。夏でも３０００ｍの稜線では、気温が５℃近くにまで低下することがあるし、それに雨、風が加わると低体温症のリスクが高くなる。特に、中高年者は体力が低く低体温症になりやすい。

下界の病気を持ち込まない

図15は２０１１年度の年齢別、男女別の患者数であるが、40代から70代の中高年者が全体の70％を占めており、この傾向は過去10年間でもみられる。さらに前で述べた長野県内の遭難事故の年齢別分布とも一致する。

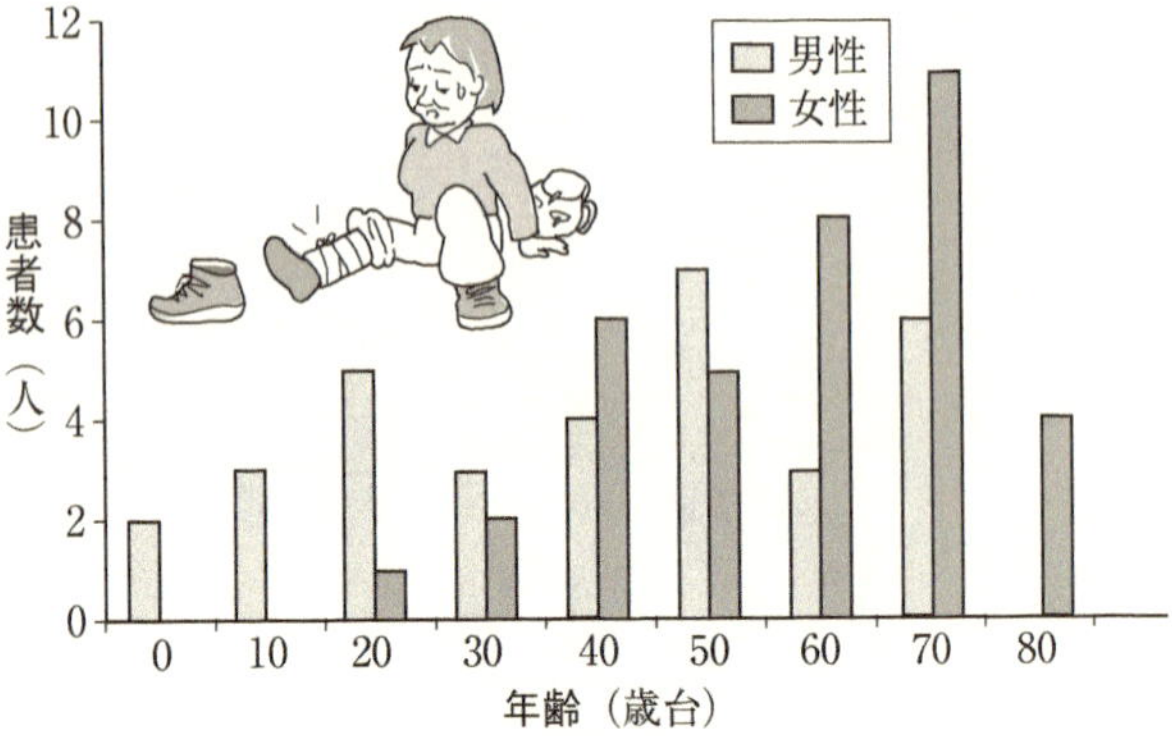

［図15］2011年信州大学医学部山岳部・常念診療所の患者の年齢別分布。40〜70歳台が全体の70％以上を占める。

特に、私が診療所の業務に携わっていて感じたことは、下界ですでに罹患していた疾患を山に持ち込む人が多いことである。登山する前から感冒にかかっていたのを山で悪化させた、あるいは、登山前から膝関節痛、狭心症などの症状があったのにそれを放置し、登山で急に激しい運動をしたので、それらの症状が悪化した、などである。そのため、登山中の病気の予防には、登山前に持病の治療をしっかりして、かかりつけ医に相談することと、登山前に調子が悪ければ無理をして山に入らないことである。

私が学生のころ最も多く経験した病気も感冒である。グループ内で一人風邪ひきがいると、ほぼ間違いなくメンバーにうつった。理由は、狭いテントのなかで、一緒に寝泊まりするからである。紅茶などの温かい飲み物を、一つの食器で回し飲みすることが多いことも原因だったのだろう。

　また、熱傷には特に注意をする必要がある。冬山の狭いテントのなかでは、雪上でテントを設営することが多く、コンロの下が不安定になっている。したがって、グループ登山で、大きい鍋で煮炊きをする場合は注意する。必ず誰かが鍋の取っ手を支えるチームワークが必要である。

山岳診療所の役割

　ところで、山岳診療所はあくまで応急措置をする場所であり、本格的な医療設備があるわけではない。緊急の措置を要する患者が出れば、「ドクターヘリ」と呼ばれるヘリコプターを使って山麓の病院に運ばなければならなくなる。最近では常念診療所と松本市にある信州大学医学部附属病院の救急・救命センターとのインターネット接続が可能となり、画像・動画の通信によって遠隔で、患者が救急を要する症状かどうか、専門医による診断がつくようになった。そのため、無駄なヘリの出動回数が減ったと聞いている。しかし、これらの診療所の活動は山岳部関係者のボランティア活動に支えられているのが現状なので、「診療所があるから、多少、具合が悪くなっても大丈夫」という安易な気持ちは持たないでほしい、というのが現場の人たちの声である。

2-7 事故はなぜ起こったか

登山事故はマスコミに大きく取り上げられるので、読者のなかにご記憶の方もおられると思う。報道を見ると、山の厳しさばかりがクローズアップされてしまうが、原因を調べてみれば登山者側に責任がある場合も多い。

自分の頭で考え、準備を怠らなければ、絶対起こらなかった事故もある。ここでは、大きく報じられた近年の登山事故について、その原因を生理学的に考えてみたい。

トムラウシ山遭難事故

2009年7月16日早朝から夕方にかけて北海道大雪山系トムラウシ山（標高2141m）で起きた事故である。3人のツアーガイドと15人の参加者の登山ツアーが悪天候に見舞われ遭難した。ガイド以外の参加者は全員50代以上であった。

ツアーは、宿泊していた標高1600mの避難小屋を、悪天候のなか早朝5時半に出発。測候所によると、この日のトムラウシ山頂付近の日中の気温は8～10℃、風速は20～25mで台風並みだったとされる。登山者たちは、雨のなかを歩き続けたうえに、沼の徒渉もあって体を濡らし体力を消耗。低い気温で強い風にあおられたため、次々と低体温症に陥り、歩行困難になっていった。結局、自力で下山できたのは5人のみ。5人がヘリで救出され、8人が死亡という悲惨な事故となった。

低体温症について簡単に説明しておこう。個体差はあるが、体温が35℃に低下すると会話に支障をきたし、皮膚感覚が麻痺したようになり、手の細かい動きができなくなる。さらに体温が低下すると周囲の状況に無関心になり、口ごもるような会話になり、ときに意味不明の言葉を発するようになる。それにともなって筋力の低下を感じ、歩行が遅くよろめくようになる。そして体温が30〜32℃に低下すると、震えなどの体温調節反応が消失し、意識混濁が進行し、循環系では心房細動、心室性不整脈が頻発する。さらに体温が25℃に低下すると、呼吸停止、心停止がおき、死に至る。治療は急速加温が基本で、温気（40〜45℃）の吸入療法、温浴（40〜44℃）に加え、血液浄化を目的に腹膜透析や血液透析などをする必要がある。したがって、医療機関への救急搬送が基本となる。

その後、この事故の原因について様々な検証が行われているが、ここでは体温がどう失われていったかについて検証してみる。

常念岳登山実験の例では、Aさん（65歳、体重70kg）が荷物5kgで登山をした例をあげたが、もし、Aさんがトムラウシ遭難事故と同様の環境に遭遇したら、という想定で検証してみよう。

まず、この気温でこの暴風に曝されると、ヒトの体温はどのようになるのだろうか。

Aさんの例では、「ややきつい」と感じる運動時には1分間あたり6・91kcalのエネルギーを消費し、その80％の5・53kcalが産熱量となる。つまり、1分間あたり5・53kcalの熱を産み出している一方、皮膚温が33℃、露出した皮膚表面の面積を体表の20％と仮定すると、放熱量は1分間あたり8・4kcalとなる。つまり、1分間あたり8・4kcalの熱を失っている（計算は巻末の熱放散の計算式 2 による）。

この計算で強調したいのは風の影響である。無風のときと比べて熱の伝導率が5倍になっていることだ。そのために無風状態に比べ放熱量が極めて高くなっている。

産熱量から放熱量を引くと、1分間あたりマイナス2・87kcalとなる。トムラウシ事故のような風が強く気温が低い環境では、これだけの正味の熱量が体から失われることがわかる。さらに体の熱容量［体比熱（0.83cal/(℃・g)）×体重（g）］から計算すると、1分間に0・05℃ずつ体温が低下していくことになる。そして、体温が35℃以下になると低体温症となり意識障害が出てくるので、登山を続行できる限界時間は40分と推定できる。もし、寒さのために動くのを止めてしまうと筋肉からの熱産生がなくなるので、体から失われる正味の熱量が1分間あたりマイナス7・4kcalになり限界時間は15分に短縮される。

さらに、事故当時のトムラウシ山では雨が降っていた。雨によって体が濡れて皮膚と衣服との空気層が破壊されてしまうと、体から大気への熱の伝導の速さが空気の20倍にも達してしまうので、登山続行の限界時間はもっと短縮される。

現実に、トムラウシ事故では、歩行中の登山者の意識が急激に失われていったという。遭難したガイドの一人は、「低体温症の知識は、文字の上では知っていた。しかし、実際に自分がなってみて、こんなにあっけなくなくなるんだと感じた」と証言している。

しかし、強調しなければならないのは、トムラウシ山の事故は、ガイドが参加者の体力を十分把握していなかったこと、天候の判断を誤ったことが根本原因であるといってよい。このような状況に陥る前にするべきことがたくさんあったのだ。

でも、もし皆さんが、不幸にして、このような状況に遭遇したらどう対処したらいいのだろうか。簡単にまとめてみた。

1 できるだけ体の大気への露出面を少なくする。これには頭部、顔面も含まれる。

2 風が体に当たらないように、あるいは、首にタオルを巻くなどして風が衣類と皮膚の隙間に入り込まないようにする。それには、上下のセパレートの雨具など風を遮断する衣服の装着が重要である。さらに、休憩時には、岩陰などへ移動し、簡易テント（ツェルト）をかぶる。

3 肌着を濡らさないようにする。肌着が温かいのは皮膚と衣服繊維の間の空気層が断熱の役割をしているためだが、肌着が濡れると繊維がペシャンコになって空気層が維持できなくなる。水の断熱性は極めて低いので急速に体熱が失われる。ただし、羊毛などの繊維は水に濡れても繊維が潰れず空気層が維持されるので、濡れていても肌着がわりに直に着用すると有効である。

4 限界時間内に救援が期待できるのなら、比較的条件のよい場所で待機することも考えられるが、そうでないのなら、個人の残存体力を見極めたうえで、登山を継続し限界時間内に安全な場所に移動するほうが助かる可能性は高い。実際、トムラウシの遭難事故でも生存者は比較的年齢が若く、体力があった方々であった。

白馬岳遭難事故

2012年5月4日に北アルプス白馬岳（標高2932m・写真4）山頂付近で、北九州市の医師ら60～70歳代の6人パーティが死亡した事故である。当時の現場の気候は、気温が氷点下2～3℃、風速20mと吹雪だった。巻末の熱放散の計算式 2 を用いて、Aさんがこの条件下で登山をしていたと仮定し、体外に放散される熱量を計算してみると、放熱量は1分間あたりマイナス11・0kcalとなる。したがって、「ややきつい」運動時の1分間あたりの産熱量5・53kcalとの差、マイナス5・47kcalが正味の体熱量の減少となり、体の熱容量から、体温の低下は、1分間あたり0・09℃となる。

［写真4］白馬岳（共同通信）

すなわち、わずか22分で体温は35℃以下に低下し、意識障害などの低体温症を引き起こす。また、寒さのために動けなくなると、筋肉からの熱産生が止まるので、体温の低下速度は1分間あたりマイナス0・2℃となり、限界時間は10分間にまで短縮される。もし、防寒具の装着が不完全だったり、それまでに肌着が汗で濡れていたりすると体温の低下はもっと速くなる。

実際の白馬岳遭難現場では、6人のうち5人は1ヵ所でツェルト（簡易テント）を下敷きに倒れていた。また、防寒具が入ったザックのふたはほぼ全員分開いていたことから、彼らは1ヵ所に集まりツェルトをかぶり、防寒具を身につけようとしたのだろう。ところが、全員のお尻で押さえていたはずのツェルトの端が風であおられ、開いてしまって風を防ぐための密閉空間を作れなかった。慌ててそれに対応しようとしたのだろうが、モタモタするうちに、全員の体温が35℃以下にまで下がって意識障害に陥ってしまって死亡したと想像できる。

風、気温、雨が原因

実は、私は学生時代の3月にこの山域をたびたび訪れた。大学の山小屋が栂池《つがいけ》スキー場の一番上の栂の森ゲレンデから歩いて30分のところにあったので、電気、ガス、水道、そしてむろん風呂もなかったが、ここで数日間仲間と合宿して山スキーの練習をした。

ある天気のいい日に、白馬乗鞍岳（標高２４６９ｍ）の頂上までスキーを担ぎあげ、その南斜面を滑り降りようということで仲間と意気込んで出かけた。誰がその斜面にきれいなシュプールを最初に描くか、である。乗鞍岳を登っている間は、ほとんど風がなく天気もよかったので薄着だったが、今回の遭難のあった白馬岳から乗鞍岳頂上に至る主稜線にある目的地に達した途端、北西からの非常に強い風に曝された。あっという間に冷えていく体、慌ててスキーを装着しようと手袋を外した途端、指は真っ白になって動かなくなる、そのうち体全体がこわばってきた。ほうほうの体で主稜線の直下に逃げ戻った。シュプールを描くどころではない。その間、5分もなかったと思う。筋肉が収縮するということは化学反応が筋肉内で起こっているのだという事実、そして、筋肉の温度が下がれば、その反応が停止し、動けなくなる事実を身をもって体験した。

トムラウシ山、白馬岳とも、遭難の根本原因は、風、気温、雨である。さらに、両者とも森林限界を超えた高度で、稜線がだだっ広く、風を遮るもののない場所だったことも大きな原因である。もし、通常の尾根なら主稜線から少し下ると、ほとんど風がない場所がある。そして、そのような場所には、積雪期なら雪の吹き溜まりがあるから雪洞も掘れるだろう。風さえ防げれば助かる可能性は著しく高まるのだ。

若者であろうが中高年であろうが、このような非常事態に遭遇した際の限界時間は限られている。学生だった私でも5分も経たずに体がこわばってきたのである。まして、中高年者は若年者に比べ体力が低い。したがって、登山隊のリーダー（ガイド）には、天候の変化を予測する能力や、もし、天候が急変した場合も、隊の構成メンバーの体力に応じて、対処できる能力が要求される。登山隊のメンバーも、万一に備えて十分な装備を持参することは大切である。

2-8 万一に備えるための装備

では、ここで、非常事態に備える装備と、選び方のポイントなどを簡単に紹介しておく。

雨具

雨具の目的は、雨、汗によって肌着を濡らさないこと、さらに、風を通さないことに尽きる。

一昔前はポンチョといって荷物と体を一緒におおうものが一般的だった。ビニール製の長方形の布の真ん中に頭を通す穴と頭をおおうフードがあるもので、風通しもよく、蒸れないし、雨具で使わないときはシートとし

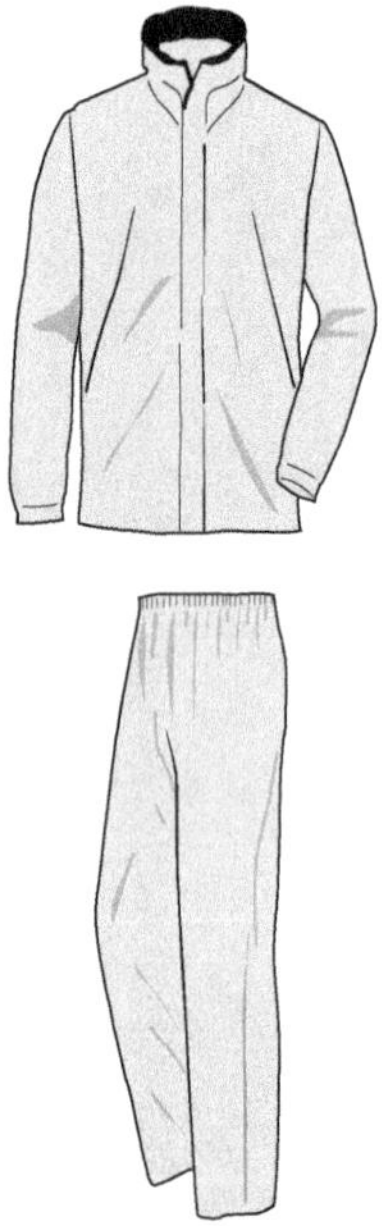

セパレート型
レインウェア

ても使用できた。しかし、稜線などでの下からの風雨には弱く問題があった。

その後、上下のセパレート型のレインウェアができたのだが、材質がビニールなので汗をかいたときに体内で結露して、結局びしょぬれになってしまうことが問題だった。そこへ、水蒸気は通すが水滴は通さない透過性素材のゴアテックスが開発されて、一気にこの問題が解決された。汗が蒸発するときは体外に放出されるが、雨のような水滴は通さない、というわけだ。この素材のレインウェアは上下で3万円程度と、ちょっと値が張るが、低体温症の予防など安全を考えればば購入したほうがよい。

防寒具

厳冬期の冬山でない限り、風雨を防ぐには前記のゴアテックス製の上下の雨具でも十分間に合う。一般に市販されている廉価なナイロン製の雨具は気温が低くなると柔軟性がなくなり体への密着度が低下し防風能力が低下するのでよくない。

さらに、保温性の高い肌着を身につけることが必要である。肌着の材料は羊毛が基本である。理由は、肌との間に厚い空気層を作ることができるからである。空気は水に比べ20倍も断熱性が高い。たとえば、木綿、化繊、羽毛などは雨や汗で濡れると繊維が潰れてしまい、空気層を維持できなくなるので急速に体熱が失われる。一方、羊毛はたとえ濡れても繊維の形状が保たれるので空気層が維持され熱が逃げにくい。したがって、寒冷条件では薄い羊毛のセーターを肌着のかわりに直接着込み、その上に風を防ぐために雨具などを着用するとよい。

また、最近、ポリエステル製の速乾性肌着が売られていて、乾燥しているときは保温性にすぐれ着心地がよい。濡れたときの保温性は羊毛に劣るが、乾きやすいのはメリットである。

軽視されがちだが、頭部の保温は特に重要で、雨具などのフードだけでは脳温を維持できない。そのため、薄い羊毛製の帽子、ネックウォーマー（首巻き）、そして場合によっては目出帽を用意したい。目出帽はかさばるので絹製のものが便利である。

手袋（軍手）

防寒だけでなく、急峻な斜面の岩場、ブッシュ帯など、手を使わなければならないときになくてはならない。ザイルを扱うときにも必要である。また、コンロを用いた料理で熱い鍋をつかむときにも使用する。

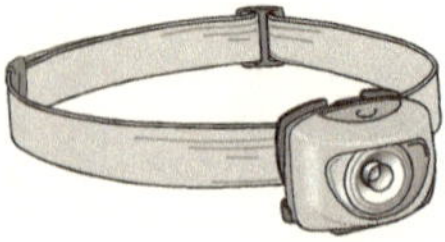

ヘッドランプ

ヘッドランプ

登山をしていると、やむを得ず日没後も歩くことがある。日没後も、しばらくは残照のおかげで行動できるが、満月の夜でもない限り、夏でも午後8時以降は真っ暗になる。こうなると、灯りがないと歩けない。登山中に手を使うことがあるので、通常の懐中電灯ではなく、頭に固定できるヘッドランプがよい。最近はＬＥＤで寿命の長い小型軽量のものが販売されている。電池の予備を忘れずに携行したい。

ストック

上りは、踏み出した足側のストックを突くと、体重が上肢に分散されて、下肢への荷重が軽減されて楽に上れる。下りは、あらかじめストックを突いて、同側の下肢を踏み下ろすと荷重が分散されて、関節痛、筋肉痛を緩和できる。軽くて折りたたみのものが便利である。また、雪渓など滑りやすいところでも、ピッケルがわりに利用できる。疲労を軽減するのに役立つため、膝に不安がある人は、備えとして持参したい。

●ツェルト

遭難時に低体温症を防ぐのにも有効である。風の強い標高3000mの稜線でも岩陰、風下尾根陰など比較的風の弱い場所を選んでツェルトをかぶれば風雨を防ぐことができる。そんな非常事態でなくても、複数のメンバーで冬山を登山する場合に、グループに一つあると便利である。私の経験から、霧がかかってどちらの方向に進んでいいかわからなくなった場合に霧が晴れるのを待つとき、仲間が疲れてグループの雰囲気がとげとげしくなったときなどに重宝した。

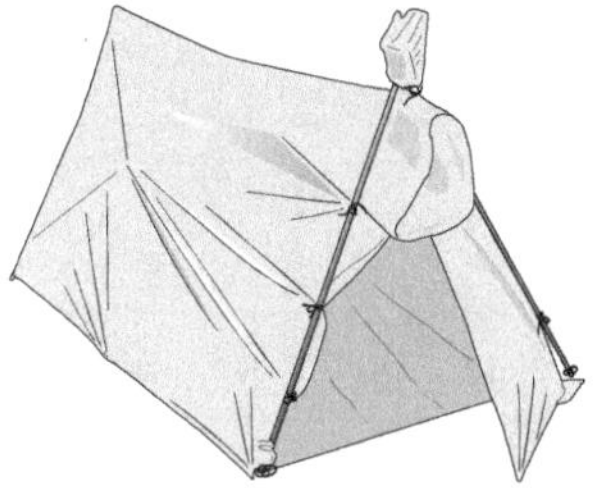
ツェルト

休憩時に仲間と円陣を組んでかぶると、風だけでなく周囲の不安を掻き立てる景色から視界が遮断され、落ち着いた環境で仲間と今後の対策を相談することができた。その際、コンロを焚いてテント内を暖かくし、熱くて甘い紅茶を仲間と一つのコップで回し飲みすれば、一気にグループの雰囲気が明るくなる。

コンロ・鍋

夏山でも、標高３０００ｍの稜線では、気温が５℃をきることがある。そのようなとき、登山の前後に温かい飲料、軽食をとれば元気が出る。冬山では、雪を溶かして水を確保したり、温かい飲料を作ったりするのに有効である。特に、冬山などでは冷たい水は飲めないので、どうしても脱水気味になる。余った飲料は保温ポットに入れて登山中に適宜飲むようにすればよい。

ザイル

ザイル

少し扱い方のトレーニングがいるが、安全を確保するためにザイルが必要な場合がある。たとえば、新人のメンバーがグループ内にいて、きわどい箇所を通過するのを怖がって進めない場合、その箇所にザイルを固定すれば、新人の恐怖心を取り除くことができる。また、急峻でホールド・スタンスの微妙な斜面を下る場合、思い切って懸垂下降をするほうが、圧倒的にすばやくかつ安全に下ることができる。ザイルは直径９㎜、長さ20ｍくらいがよい。

サングラス

山は紫外線が強い。特に春山で天気のよいときは雪の反射光が強く「雪目」の心配がある。これは紫外線によって目の角膜の表面がただれて痛みのため目を開けていられなくなる病気で、行動に支障をきたすため注意が必要である。通常のメガネでも紫外線がある程度カットされるので代用できる。また、冬山やスキーで用いるゴーグルでもよい。

携帯電話

一昔前は用心深い人は携帯型無線機を持参し、それで非常時に連絡をとった。しかし、今は多くの山域で中継用アンテナが設置され携帯電話がつながるようになったので非常時には役立つ。ただし、携帯電話会社によって通信可能地域が異なること、さらに気温が低くなるとバッテリーが急速に消耗し通信不能になることに注意したい。最近は、まるでタクシーを呼びつける感覚で、救命ヘリの出動を要請する登山者が増えてきて困る、というのが現場の声であることを付け加えたい。

登山用品チェックリスト	
ザック	背負いやすいもの
登山靴	靴底がしっかりして歩きやすいもの
雨具	上下セパレートの透湿機能付き
防寒具	フリースや薄ダウン、ネックウォーマーなど
肌着	羊毛か速乾性のものを
手袋	軍手など
スパッツ	富士登山で砂走りを歩くなら
帽子	薄い羊毛製が防寒にも有用
タオル	いろいろな局面で便利
日焼け止め	日差しの強い季節には重要
サングラス	目を守るために
ヘッドランプ	LEDの軽量タイプ。予備電池も
ストック	伸縮機能付きが便利
コンパス	小さなものでも役立つ
地形図・登山用地図	グループ登山でも各人一つは持つ
水筒	ペットボトルでも代用可能
スポーツドリンク	粉末なら持って行きやすい
行動食（おやつ）	血糖値が上がりやすいものを
非常食	単位重量あたりのカロリーの高いものを
ストーブ	炊事用のコンロ
燃料	ストーブの燃料。ガスカートリッジなど
コッヘル	鍋などの炊事具。湯を沸かすのに
カトラリー	箸やスプーン、フォークなど
食材	ドライフーズなら簡単
ゴミ袋	ゴミは持ち帰りましょう
トイレットペーパー	トイレ以外にも役に立つ
健康保険証	山では怪我や病気になりやすい
救急用品	絆創膏と消毒液など
携帯電話	電池残量に注意
腕時計	時間の把握は重要
ライター	タバコを吸わない人でも、一つは持っておく
ラジオ	天気予報を聞くために
シュラフ	羽毛が軽量で快適
マット	荷物を減らすならエアーマットを
テント	軽量のものを
ツェルト	緊急対策だけでなく、休憩時にも有用
レスキューシート	薄手の保温断熱シート
ザイル	安全確保のため必要な場合に

第3章

山に登るためのトレーニング

3-1 体力を向上させるトレーニング

登山で最も重要なのは体力である。体力がつけば、それだけ急な坂道でも短時間で上れるようになるし、短時間で長距離を歩ければ、余分な食料も必要なくなり荷物も軽くなり機動力が出る。また、変わりやすい山の天気を考えれば、限られた気象条件のなかですばやく行動できる、という点から安全性も高くなる。これは目標とする山のバリエーションを増やすことにつながる。

体力を向上させる運動トレーニングは、米国スポーツ医学会（American College of Sports Medicine：ＡＣＳＭ）の推奨する方法が世界標準となっている。それを基に私がフィールドで中高年者に実施している方法を紹介する。

持久性トレーニング

最初に、ＡＣＳＭの推奨する持久性トレーニングを紹介しよう。以下のとおりである。

1 個人の最大酸素消費量を測定する

2 最大酸素消費量の60～70％の運動を、一日30～60分、週に3～4日、5～6ヵ月間おこなう。

このトレーニングの結果、最大酸素消費量がトレーニング前に比べ10～20％上昇する（すなわち、10歳から20歳若返った体力が得られる）。

この方法は、性別、年齢にかかわらず、すべての人に適用できる。本書で先に記載したいずれかの方法で自分の最大酸素消費量を決定し、もし、心拍数のモニターが可能なら、目標心拍数＝（最大心拍数－安静時の心拍数）×（0・6～0・7）＋安静時心拍数で、トレーニングをおこなう。もし、心拍数を用いることができなければ、表1の主観的運動強度（ボルグ指数）の「ややきつい」または「きつい」と感じる強度で運動をおこなう。

運動形態は、ウォーキング、ジョギング、テニス、水泳、登山など、全身運動なら何でもよい。大切なことは、最大酸素消費量の60～70％以上（安全のため85％以下）の運動をするということだ。

筋力トレーニング

ACSMの推奨する筋力トレーニングは、たとえば、ダンベルなどを用いて、以下のようにおこなう。

❶ 1回だけ持ち上げられるおもりの重さ（1RM：One Repetition Maximum）を測定し、

❷ 1RMの80％の負荷で一日8回・1～3セットを週1～3日、2～3ヵ月間おこなう。

❸ 安全性を担保するために、各トレーニング日の間には必ず休憩日を1日挟むことと、週3日以上おこなわない。

このトレーニングの結果、1RMが10～100％増加する。

たとえば、上腕二頭筋のトレーニングをするには、1RMを測定し、それがたとえば5kgだったら、その80％の4kgのおもりを一定の間隔で8回持ち上げる運動をおこなう。同様に、反対側の腕、膝関節、と対象の関節を順次変えていく。それを一日1～3セットおこなう。1RMの測定が困難ならば、10RM（10回持ち上げるのがやっとの最大負荷量）のおもりを決定し、それを8回・1～3セットおこなうのでもよい。

それも難しければ、自重負荷トレーニング（スクワット）でもよい。すなわち、床に直立し、腕を胸の前で組み、ゆっくりと膝関節を90度まで曲がるまでしゃがみ、またゆっくりと立ち上がる運動をおこなう。あらかじめ最大回数を測定しておき、もし10回なら、その80％である8回の頻度で、一日あたり1〜3セットをおこなう。

一般に、おもりが重く、持ち上げる回数が少ない運動ほど筋の太さ（収縮力）が増加し、おもりが軽く持ち上げる回数が多い運動ほど筋の持久力が増加する。筋力がついてきたら負荷量または回数を増加させる。

これらの筋力トレーニングは、継続しさえすれば確かに顕著な効果がある。とはいうものの、ダンベルなどの道具が必要なことと、ジムの専門スタッフの管理下でおこなわないと無理をしてしまって筋損傷などの事故につながる可能性が高いこともあり、現実には継続しづらい。また、自重負荷トレーニングも単調で飽きやすく、習慣化するのは容易ではないのが現実だろう。

歩行運動でできる体力向上トレーニング

最大酸素消費量も筋力も同時に向上させることができ、なおかつジムなどに通わずにおこなえる簡単なトレーニング方法があればいい、と思われる方もおられるだろう。ここで、私たちの開発した「インターバル速歩トレーニング」を紹介する。

それを紹介する前に、まず、図16を見ていただきたい。男性中高年者（平均年齢65歳）をコントロール（何もしない）、筋力トレーニング、持久性トレーニングの3群にわけ、5ヵ月間実施した際の最大酸素消費量、最大膝伸展筋力を表している。筋力トレーニングは、膝伸展筋力の1

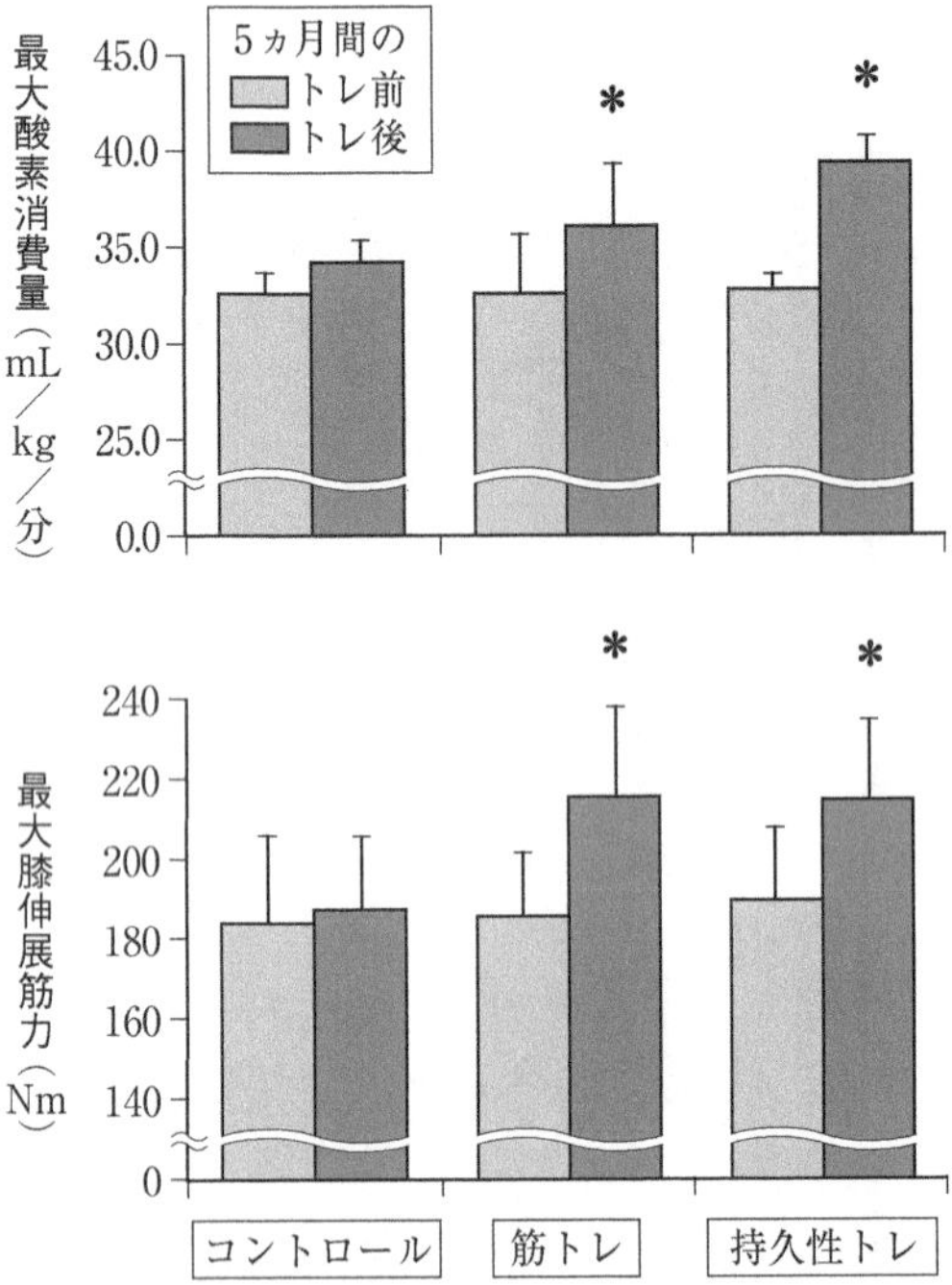

［図16］中高年男性を対象とした5ヵ月間の筋力トレーニング（8名）、持久性トレーニング（8名）が最大酸素消費量と最大膝伸展筋力に与える効果。どちらのトレーニングでも同様の効果が得られる。

＊：P＜0.05の危険率でトレーニング前の値に対して統計的に有意な差があることを示す。縦バーは標準誤差の範囲で平均値の変動範囲を表す

RMの60～80％の強度で、一日8回・2～3セット、週3日、5ヵ月間実施した。一方、持久性トレーニングは、自転車運動を最大酸素消費量の60～80％の負荷で、一日60分間、週3日、5ヵ月間実施した。

結果で注目してほしいのは、膝伸展筋力を目的とした筋力トレーニングでも「最大酸素消費量」が増加し、最大酸素消費量向上を目的とした持久性トレーニングでも「最大膝伸展筋力」が増加したことである。その増加量はトレーニング間に大きな違いがなかった。すなわち、これらの結果は、中高年者の体力を向上させるのに、筋力、持久力どちらのトレーニングでもよいことを意味する。

なぜ、このようなことになるのだろうか。通常、若い人なら、たとえば、重量挙げや短距離を目指す選手には筋力トレーニング、マラソンやクロスカントリースキーを目指す選手には持久性トレーニングと、明確にわける。これに対し、中高年のトレーニングにはこうしたわけ方は必要ないのだろうか。

これについて、私たちは、以下のように考えている。すなわち、中高年者の最大酸素消費量の低下は、主に加齢による大腿筋力の低下によって引き起こされるので、トレーニングによってその筋力が改善すれば、それに比例して最大酸素消費量も向上する。また、筋肥大が起きると運動時の血液から筋肉への酸素の移動速度が上昇する。そして、筋力さえ改善すれば、それに追随し

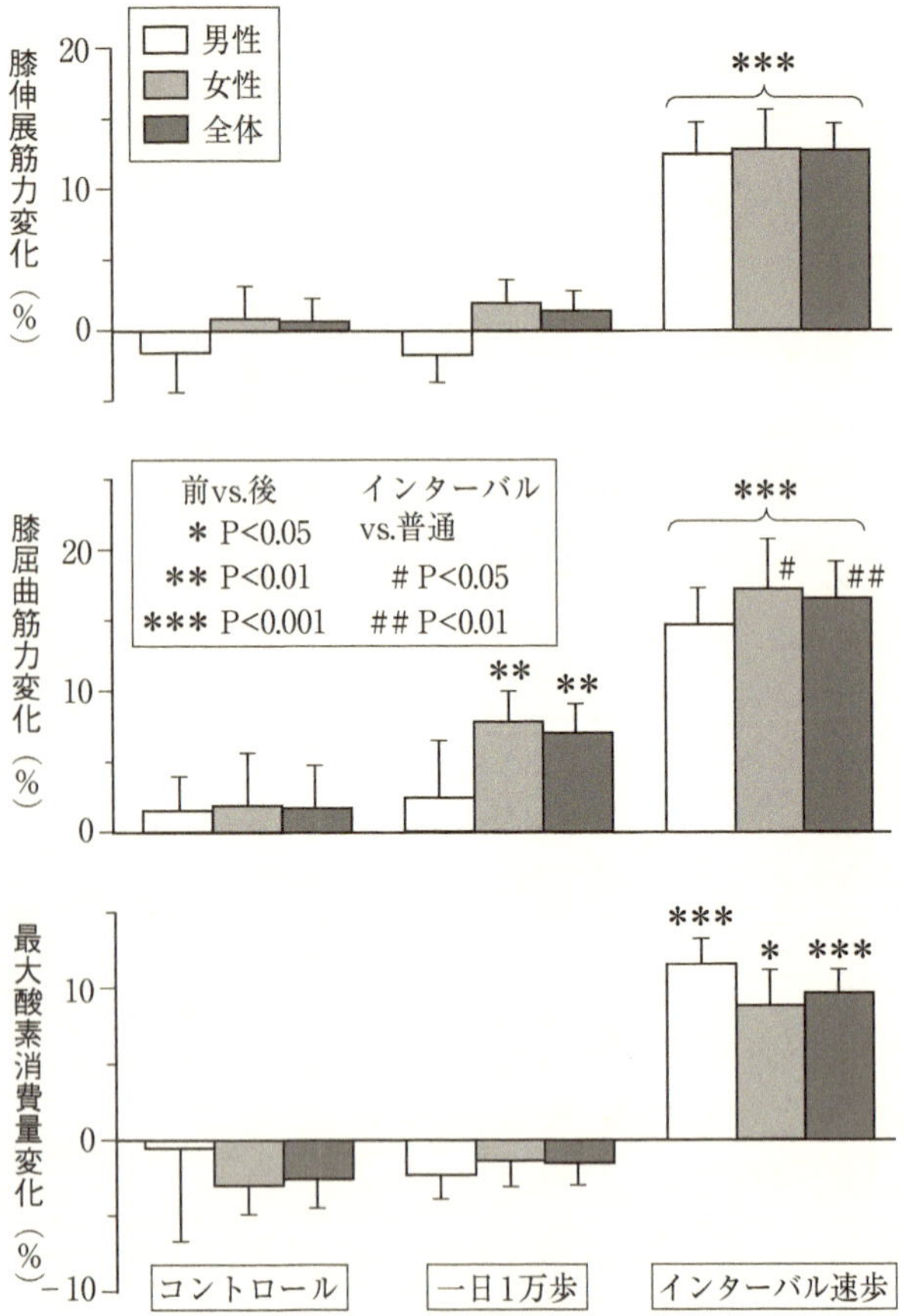

[図17] 中高年者（男性60名、女性186名）をコントロール（何もしない）、普通歩行、インターバル速歩群にわけ、５ヵ月間の「インターバル速歩トレーニング」をおこなった。

*，**，***：トレーニング前に比べ統計的に有意な差があることを示す。#，##：一日１万歩に比べ統計的に有意な差があることを示す。縦バーは標準誤差の範囲で、平均値の変動範囲を表す

て心肺機能も改善するということである。

これらの実験結果から、私たちが中高年の体力向上のために勧めているのが「インターバル速歩トレーニング」である。同トレーニングは、最大酸素消費量の70％以上の速歩と40％以下のゆっくり歩きを交互に3分間ずつ繰り返すという歩き方である。これを一日30分以上、週4日以上、5ヵ月間実施する。その結果を図17に示す。

図からわかるように、同トレーニングで膝の伸展筋力は13％、膝の屈曲筋力は17％、それに伴って最大酸素消費量が10％向上した。すなわち5ヵ月間で10歳若返る体力を得たことになる。一方、一日1万歩を目標に歩いた普通歩行群では、ほとんど体力が向上せず、コントロール群と変わらなかった。これらの結果によって、体力向上のためには最大酸素消費量の60～70％の負荷が必要というACSMの運動処方の有効性を再確認できた。それだけでなく、ACSMが推奨する自転車エルゴメータやトレッドミルなどのマシンを用いなくても、歩行系の運動で十分可能であることを立証した点で新しく、国の内外で高く評価されている。

さらに、この最大酸素消費量の増加は膝伸展筋力の増加とほぼ比例していることも明らかになっている。これは、大腿筋力が最大酸素消費量を決定するという前記の考えを支持する。

●インターバル速歩トレーニングの方法

以下、インターバル速歩トレーニングの方法をもう少し具体的に説明する。

❶簡易体力測定の項で述べた歩行テストで3分間の最大歩行距離を決定する。

❷その60〜70%の距離を3分間で歩いて、そのときの主観的運動強度（「ややきつい」または「きつい」）を体で覚える。主観的運動強度の目安としては、5分ぐらい続けると息が弾み、動悸を感じる程度で、10〜15分続けると汗ばむ速さ、20〜30分で足の脛が少し痛くなる程度である。ちょうどバスに乗り遅れまいとバス停まで急ぎ足で歩く状況に似ている。

❸ストップウォッチ（キッチンタイマー）を持って、3分間ずつ「速歩」と「ゆっくり歩き」を繰り返す。一日の速歩合計が15分、週に4日以上、速歩の週合計が60分以上を目標に歩く。

❹コースが決まっていれば、毎日の歩行タイムを記録する。その変化によって体力がどの程度増加したのか理解でき、トレーニング継続の励みとなる。

この方法で、インターバル速歩は誰でも簡単にできる。さらに、より正確で効果的なトレーニングができるよう、私たちは、自分たちで開発した携帯型カロリー計（熟大メイト・キッセイコ

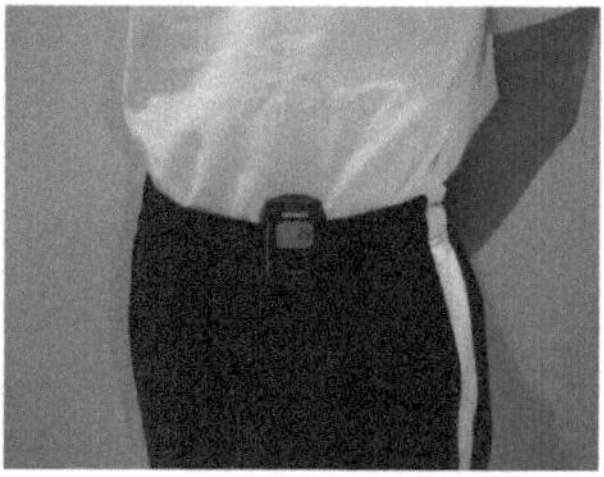

［図18］登山にも使える携帯型カロリー計「新型熟大メイト」(HJA-750C)。３軸の加速度計によって運動エネルギーを、気圧計によって位置エネルギーを測定し、それらの和から登山時のエネルギー消費量が正確に測定できる。

ムテック社、松本市）を用いたインターバル速歩トレーニングを実施している。図18は、オムロンヘルスケア社の協力で最近開発した新型である。

この携帯型カロリー計は、３軸の加速度計、高度計を内蔵している。通常歩行以上の速度で歩行した場合や、登山のような坂道を歩いた場合でも、消費エネルギー量（酸素消費量）を正確に推定できる計算式を搭載している。

以下、携帯型カロリー計を用いた同トレーニングの手順を示す。

1　体育館などフラットな場所で、安静、ゆっくり、中くらい、早歩きを3分間ずつ実施する。その際のエネルギー消費量、心拍数を測定し、最後の1分の値から最大酸素消費量を決定する。なぜ、歩く速度を段階的に上げるか、というと、ウォーミングアップにつながり、肉離れなどの事故を起こすことなく、スムーズに早歩きに移行できるからである。

❷ その70％の値をトレーニング中の速歩時の歩行強度の目標値として携帯型カロリー計に設定する。

❸ その後、自分の好きな時間、場所でインターバル速歩を図9の要領で実施する。3分間ずつの速歩とゆっくり歩きの切り替えのタイミングにアラームが鳴り、速歩時に1分間の平均消費エネルギー量が目標値に達すると祝福音が鳴るので、それを励みにトレーニングを継続することができる。

❹ 2週間に一度、携帯型カロリー計をPC端末に接続し、インターネットを介してサーバーに接続すると、折り返し歩行記録のトレンドグラフと、サーバーが自動的に作成するコメントが返ってくる。

❺ 6ヵ月に一度、歩行テストによって最大酸素消費量を測定し、もし上昇していれば、新たな目標値を携帯型カロリー計に設定する。以後、これを繰り返す。

インターバル速歩のメカニズム

さて、読者のなかには、なぜ、インターバル速歩なのか、と疑問を持たれる方がおられると思うので、少し説明しておこう。インターバル・トレーニングは、チェコスロバキアのエミール・

ザトペックが実施し、1952年のヘルシンキオリンピックの長距離競技で好成績を収めたことから世界に広まった。強い負荷の運動は長時間おこなえない。そのため、たとえば、自転車エルゴメータを用いて、最大酸素消費量の70〜80％に相当する強度の「非常にきつい」運動を4分おこなった後に、20％に相当する「非常に楽な」運動を5分おこなうのである。これを1セットとし8回繰り返す。

学生のころ、サッカー部などで、ダッシュ＆スローという練習を繰り返しやっているのを見た方もおられるだろう。これもインターバル・トレーニングである。このトレーニングを重ねることで、運動開始時の酸素の取り込みが増え、乳酸が出にくくなり、非常にきつい運動のあとの動悸、息切れが起こらないようにすることができる。

たとえば、サッカーの競技中、サイドバックの選手が全速力で相手ゴールに向かって駆け上がっていき、センタリングをし、フォワードの選手がシュートをする。ところがあいにくゴールキーパーにボールを捕らえられ、カウンターを仕掛けられ、大急ぎで自分のゴールに向かって帰らなければならない。シュートからカウンターまで、このわずかな時間で選手が動悸、息切れを回復できれば、試合に勝つために圧倒的に有利だ。

なぜ、「非常にきつい」運動のあとに「非常に楽な」運動を挟むのか、についても説明しておこう。

「非常にきつい」運動時には、大量の乳酸が筋肉で産生されるので、筋肉疲労が起こり、息が上がり、その強度を保つのは4分間が限度である。しかし、その後5分間「非常に楽な」運動時には十分な筋血流によって酸素が供給され、筋肉で産生された乳酸が肝臓、心臓、筋肉のミトコンドリアで代謝される。さらに、筋細胞外の乳酸の水素イオン（H^+）は血流で供給された重炭酸イオンによって吸収され、これは筋細胞内から外への乳酸の輸送を促進する。この反応で産生された二酸化炭素（CO_2）は呼吸によって排泄されるが、それが終わると、動悸・息切れが収まり、心拍数・呼吸が整ってくる。

「非常にきつい」運動のあと、安静ではなく「非常に楽な」運動をする理由は、筋肉の静脈に溜まった血液を筋肉ポンプによって心臓に送り返すことで、動脈から筋肉に供給される血液の出口が確保されるからだ。その結果、筋血流の増加を加速し、乳酸の代謝、洗い出しを促進することができる。以上から、再度「非常にきつい」運動を実施することが可能となり、トレーニング中トータルで「非常にきつい」を長時間実施することが可能となる。この方法にならったのが「インターバル速歩」である。

白状すると、私は最初からこの方法を推奨していたわけではない。12年前、中高年者の歩行テストによって最大酸素消費量にほぼ近い値が求められることがわかったので、この70％以上の強度で一日15～30分間連続して歩くようにと、松本市の中高年の皆さんを指導した。しかし、結果は散々で、ほとんどの方はトレーニングを放棄した。理由は「つまらない」「しんどいだけ」だった。そこで、当時大学院生だった根本賢一さん（現在、松本大学人間健康学部教授）と相談して考案したのが「インターバル速歩」である。結果は驚くべきもので、90％以上の方々がトレーニング目標をクリアした。一定強度で歩き続ける単純な運動より、メリハリのある運動方法のほうが続けやすいのであろう。そして、その効果もすばらしいものだった（図17）。

簡単にまとめると、年齢を問わず、運動形態を問わず、最大酸素消費量の60〜70％に相当する「ややきつい」「きつい」と感じる運動を、一日15〜30分間、週3〜4日、5ヵ月間おこなえば、大腿筋力、最大酸素消費量が10〜20％増加する。このことは、登山時間を短縮するだけでなく、登山時の乳酸産生を抑制し、グリコーゲンの消費を抑制し、快適な登山を保証する。実際、このインターバル速歩を実践している60代の松本市民のなかには、「日帰りの登山しかできなかったのに数日かけての縦走ができるようになった」「地区の運動会で一番をとった」、など武勇伝を報告してくれる人もいる。

サンティアゴ巡礼に挑戦

長野県松本市には、NPO法人・熟年体育大学リサーチセンター（JTRC）という団体があり、私もお手伝いをしている。JTRCでは中高年のための健康増進事業も運営していて、「インターバル速歩」は、そのトレーニング方法にもなっている。この事業は、2004年に始まり、これまで5400人以上の参加者があり、現在も年間1000人の中高年の方々が同トレーニングを実践している。そのなかの、京都市在住の江守顕正《あきまさ》さん（当時71歳）の経験談をご紹介しよう。

江守さんは10年ほど前に退職され、それ以降、悠々自適の生活を送ってこられたが、ちょうど8年前に、ちょっとしたご縁で、松本で実施しているこの事業に参加されることになった。インターネットを利用した遠隔指導による参加である。以降、毎年1〜2回、信州に登山に来られていることを、担当のJTRCスタッフから聞いていた。

2年ほど前、京都でお会いしたときに、江守さんは「来年の5月にキリスト教三大巡礼地の一つであるサンティアゴ巡礼に挑戦します」とおっしゃられた。私は、その巡礼路について詳細を知らなかった。フランスのサンジャンピエドポーという町から、スペインのサンティアゴ・デ・コンポスティーラという町まで、全長800㎞を40日かけて歩くのだという。「昨年、脊柱管狭窄症にかかって腰痛で難儀していたが、最近、インターバル速歩のおかげか、調子がよくなっているので、何とかおさまっている間に、長年の憧れの巡礼の旅に行きたい」「年齢も年齢なので最後のチャンスとして挑戦したい」「それを達成するために、これまでのインターバル速歩のほか、朝3時に起きて、新聞配達で5階建てのマンションの階段の上り下りでトレーニングを積んできた」とおっしゃられた。私は、敬服した。私より10歳以上年上の方が、このように目標を立て、数年にわたって準備をしてこられたのだ。

さて、２０１３年5月15日にサンジャンピエドポーを出発されたのち、6月8日、無事、目的地のサンティアゴ・デ・コンポスティーラに到着した、との連絡を受けたときはＪＴＲＣスタッフ一同でお祝いした。飛行機の日程の都合で、少し歩行距離を短縮されたものの、14kgの荷物を背負って休憩日なしで25日間かけて５７０㎞の巡礼路を踏破されたのだ。一日の平均歩行距離は20㎞余りにもなる。

早速、同年11月に松本でＪＴＲＣの会員向けの報告会を開くことにした。その講演のなかで、あのナポレオンも通ったという高度差１４８０ｍのピレネー山脈越えで、雪混じりの天候に遭遇したときは寒くて苦労したこと、そのとき、八合目の避難小屋で、偶然、低体温症で動けなくなったフランス在住の日本人と出会い、その方を介抱することが縁になり、その後、一緒に旅を続けることになったこと、アルベルゲ（巡礼宿）で一緒になった世界各国の人たちとの交流が心温まるものであったこと、ムール貝、鱒、蛸などの魚介類とワインを食材とする食事がおいしかったことなどを話されて、とても楽しい報告会になった。そして、最後に江守さんがそれとなくおっしゃった「偶然という言葉では片付けられない出会いがあり、何かに導かれた巡礼でした」という言葉が印象的だった。

この江守さんの体力とインターバル速歩トレーニング量について、最近の数値を紹介しておこう。江守さんの体重は70kg、最大酸素消費量は37mL/kg/分、トレーニング日数は、週に2～3日、一日あたりの歩行時間が58分、そのうち速歩時間が27分、週合計速歩時間が67分である。ここでいう速歩とは、最大体力の70%以上のレベルの速さの歩行で、彼の場合7kcal/分である。それに加えて朝の新聞配達がある。こうした鍛錬のおかげで、体力年齢は同年代の健康な方に比べても20歳近く若い。

近くの低山に登る

これまで述べた、持久力、筋力、インターバル速歩トレーニングは、登山に限らず、一般的に実施されている運動トレーニング方法である。一方、登山には特異的に使われる筋肉があり、さらに坂道を荷物を持ってゆっくりと登ることから、足の筋肉の収縮リズムもほかの運動形態とは異なっている。したがって、もし近くに適当な低い山があれば、そこで実際の登山をシミュレーションしながらトレーニングを日常的に実施するのがベストである。

ただし、その場合でも、個人の最大持久力の70%に相当する「ややきつい」と感じる運動を一日15～30分、1週間の合計が60分以上になるように心がける。この際、連続して実施する必要はなく、たとえば朝5分、昼5分、夕方5分とわけて実施してもよい。さらに、平日が忙しければ

登山のトレーニング

登山 6ヵ月前

体力測定をして、自分の最大酸素消費量の70%以上のレベルを決めて、そのレベル以上の速歩をする。1日30分以上、週4日以上。5カ月間の継続で、体力は10～20%上がる。

登山 1ヵ月前

2週間に1度くらいの間隔で近くの低山に登る。上りの歩きペースをつかむ。

登山 1週間前

食事に炭水化物を多めに摂るようにして、グリコーゲンを貯蔵する。

［図19］目標の山に登るためのトレーニングスケジュール

土、日に30分ずつまとめて実施してもよい。

　運動の途中で休憩を入れても問題はない。場所は、平日なら通勤途中の坂道、階段を利用してもよいし、休日なら高度差100～200mの近くの里山を利用してもよい。

　これを継続すれば、インターバル速歩トレーニングと同様、5ヵ月間で10％程度最大酸素消費量と筋力が向上することが期待できる。

●「プロテイン」の効果は？

運動トレーニング効果を促進するという謳い文句で、さまざまな栄養補助食品が販売されている。そのなかに、糖質・タンパク質補助食品がある。「プロテイン」などの名称で販売されていて、摂取している方も多いだろう。その効果について考えてみよう。

トレーニングの際の糖質・タンパク質サプリメントは、大量を数少ない頻度で摂取するより、運動直後に少量を頻繁に摂取するほうが効果があるとされている。その根拠は、運動直後には筋血流が増加し、筋細胞表面にインシュリン感受性のブドウ糖輸送体が大量に発現し、ブドウ糖の取り込みが進むからである。筋肉内へのアミノ酸の取り込みも進み、タンパク質合成も加速され、筋肥大が起こりやすいとされる。こうした運動トレーニング直後の糖質・タンパク質の筋肥大効果は、すでにマシントレーニングでは立証されている。

では、インターバル速歩など歩行系の運動ではどうだろうか。検証のために、すでに6ヵ月以上インターバル速歩トレーニングを実施して筋肥大が起こり、これ以上の筋肥大効果が見込めない中高年女性を対象に、インターバル速歩を30～60分実施した直後に、乳タンパク質（アミノ酸）・糖質補助食品（タンパク質7・6g、炭水化物32・5g、脂質4・4g、総重量215g）を摂取してもらった。すると、摂取グループでは、摂取しないグループと比べて、5ヵ月間のトレーニングで下肢筋力が著しく増加することが確認できた。これを、日ごろの運動トレーニングに活用することは可能だろうし、本番の登山中の筋肉痛や息切れも改善できる、と考える。

これらの実験で使用したものは市販のサプリメントだが、成分だけを考えれば、牛乳やヨーグルトのほうが安上がりだ。タンパク質量はちょうど牛乳コップ2杯分（400mL）に相当する。最近は低脂肪で乳タンパク質を多く含む牛乳も市販されているので利用するのがよい。ただ、牛乳は糖質がコップ2杯で20gとやや少ないので、クッキー、ジャム、蜂蜜など、一緒に甘いものを摂取するのがよい。

3-2 暑さ・寒さに強くなるには

「山」といえば、涼しいというイメージがあるが、実際登ってみるとそうでもない。夏は高度の低い山では結構暑いし、荷物を背負って高強度の運動をするので産熱量も高い。Aさんの例からもわかるように、1000m登るのに1500mLと結構汗もかく。体温の上昇は心拍数の上昇を招き、主観的運動強度を上昇させる。あまりにシンドければ、登山の魅力も半減する。一方、寒さに弱いと、どうしても携行する防寒具が多くなり荷物がかさばってしまう。

ここでは、どうすれば、暑さ、寒さに強い体になるのか、を解説する。

●ヒトの体温調節メカニズム

まず、ヒトの体温調節のメカニズムを整理しておこう。

体温は脳温と皮膚温にわけられる。体温調節反応は、主に脳温を一定に保つことを目的としている。したがって、生体は脳温の変化にしたがって体温調節反応を引き起こす。たとえば、脳温が基準温度（一例として36・8℃）より上昇すれば皮膚血流を増加させ、発汗を促す。皮膚血流量が増加すれば、皮膚表面温度が高くなり、もし外界の温度が皮膚表面温度より低ければ体熱の放散が起きる。さらに、汗が皮膚表面から蒸発すれば、その気化熱で体熱の放散が起きる。一方、脳温が基準温度より低くなれば、皮膚血流を低下させ放熱を抑制し、筋肉に「ふるえ」を引き起こし、熱産生を増やし体温の低下を防ぐ。

ヒトは大量の皮膚血流と発汗機能を有している点で、ほかの四足動物に比べ非常にすぐれた暑熱環境への適応能を持っている。そのおかげで熱帯の砂漠やジャングルにも生息することが可能となった。一方、暑さのために皮膚血流が増えると皮膚静脈に血液の貯留を引き起こし、心臓への血液の還流量が減り、血圧の維持が困難になる。さらに、汗を大量にかくと血液量が低下しこれを加速する。

したがって、体温調節がすぐれている人とは、血液量が多い人といえる。通常、教科書では体重の7%が血液量となっているが、それは運動習慣のない人の話であって、マラソンのような持久性競技のトップアスリートではその倍の血液量がある。すなわち、大きいエンジンを持っている車は、大きいラジエーターを持っているということだ。

一方、寒さに対する反応は、ヒトはそんなにすぐれているわけではない。図20に「ふるえ」による代謝量を示す。

「ふるえ」の特徴は、最初は口の周囲の咬筋で起こり歯がガチガチ音を立て、それが徐々に全身に拡大していき、最後に四肢に及ぶことだ。

とはいえ、「ふるえ」で産生される熱量は大きくない。筋肉量にも依存するが、図で示すようにせいぜい3kcal／分である。

運動時の「ふるえ」は、運動による熱産生が増加し、体温が高くなるにつれ徐々に抑制され、いずれ消滅する（図21）。このことは寒冷環境での体温維持において、運動にまさるものがないことを意味する。

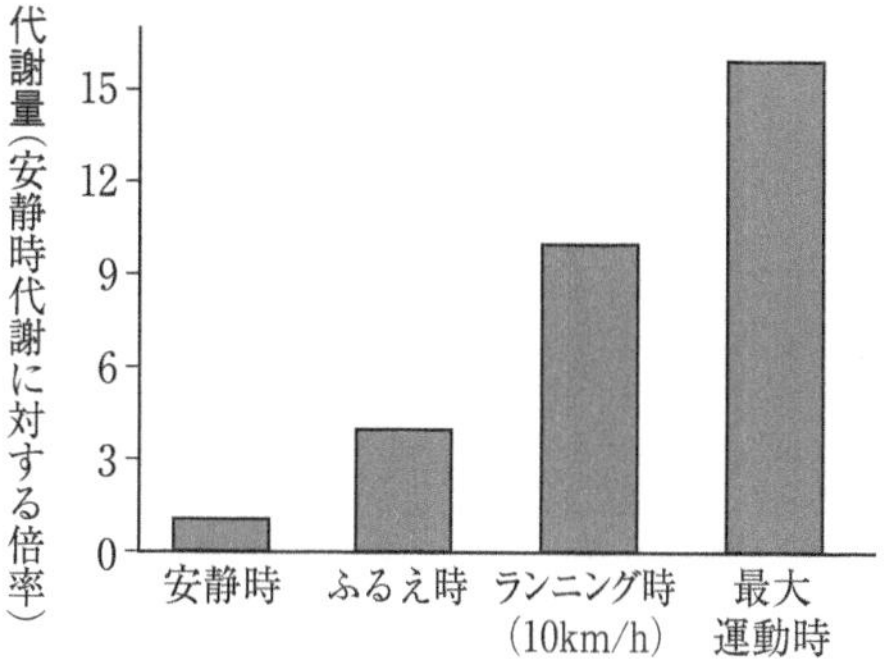

［図20］ふるえによる熱産生は安静時代謝量の3倍程度、最大運動時の30%程度。

冬の登山のとき、テントをたたむのが億劫でついつい出発が遅れてしまうが、いざ、決心して、歩きはじめれば体も温まって元気になるものだ。

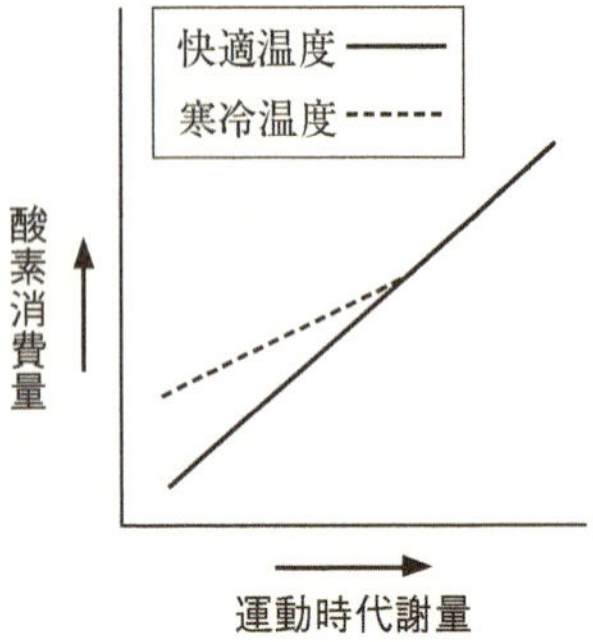

［図21］運動時代謝量に対する酸素消費量。安静時にふるえがあっても、運動によって熱産生が高まり、体温が上がるとふるえはとまる

暑さに強くなるには

暑さに強くなるには、血液量を増やすことである。登山中の脱水回復にスポーツドリンクによる血液量の回復が有用であることは述べたが、登山する前から、あらかじめ血液量を増加させておく方法はないのだろうか。

私たちは、若年男性8名（平均年齢21歳）と高齢男性8名（平均年齢68歳）を対象に実験をおこなった。最大酸素消費量の80％と20％に相当する強度で、それぞれ4分、5分を交互に、8セット繰り返す運動をしてもらい、その直後に、糖質35g、乳タンパク質（乳清）10gの混合補助食品を摂取してもらい、その後、23時間にわたって、血漿アルブミン量、血液の水分量である血漿量を測定した。その結果、図22に示すように、若年者、高齢者とも補助食品摂取後、遅くとも2時間以内に、血漿アルブミン量、血漿量が増加し、対照群に比べて23時間後まで高レベルを維

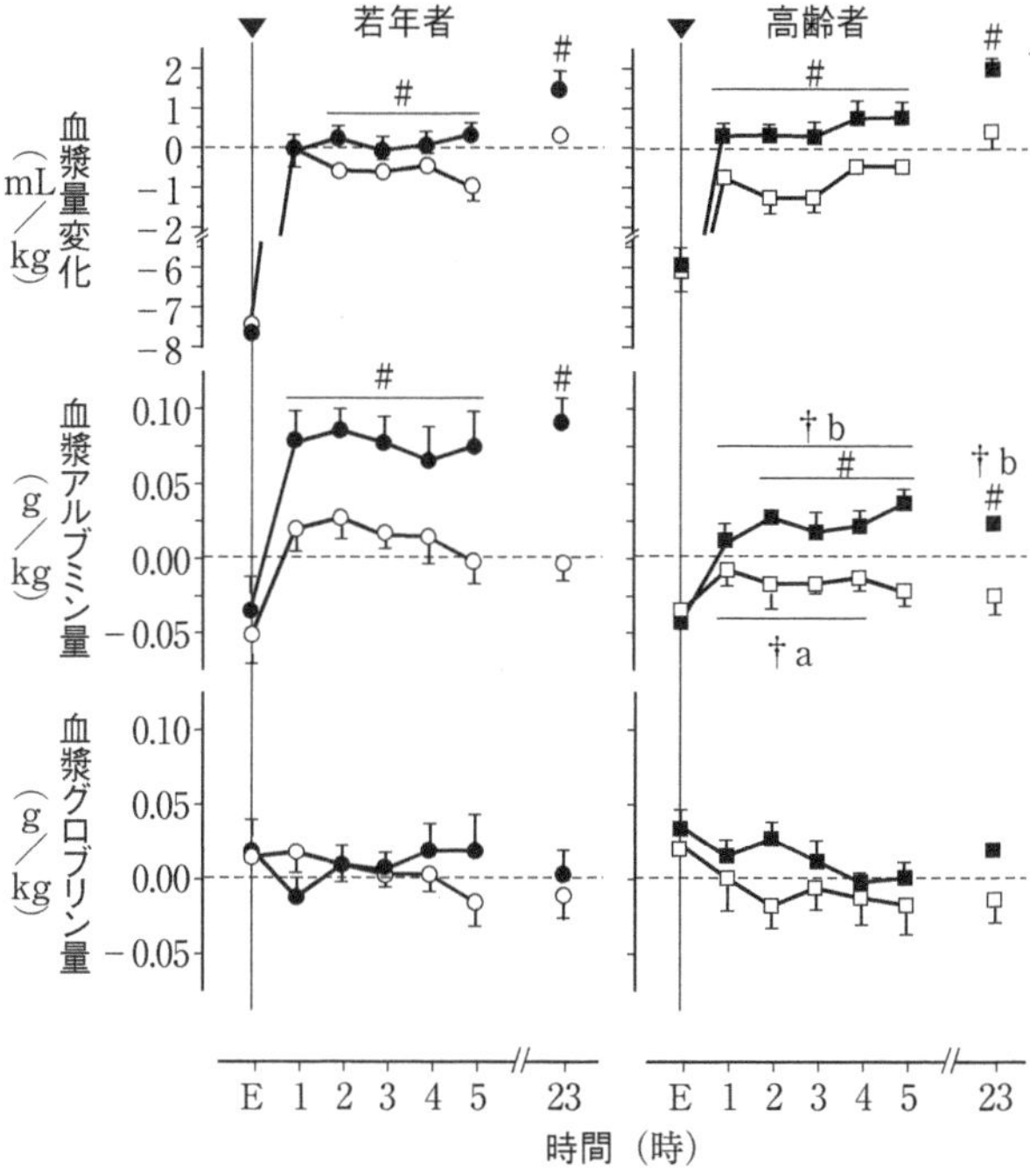

［図22］インターバル・トレーニングを90分間実施したあと、糖質・タンパク質サプリメントを摂取すると若年者（8名）、高齢者（8名）とも、しない場合に比べ、1～2時間後に血漿アルブミン量、血漿量が有意に増加した。このことは、登山前のトレーニング、数日にわたる登山時にサプリメントを摂取することが登山時の体温調節能を向上させることを示唆する。

#：対照群に対してP＜0.05の危険率で統計的に有意であることを示す。†a，†b：若年者の対照群、糖質・タンパク質摂取群に対して、それぞれP＜0.05の危険率で統計的に有意差のあることを示す。縦バーは標準誤差の範囲で、平均値の変動範囲を表す

持した。つまり、血液量が増加したのである。

血液量が増加すれば、その分、登山中に多くの血液が心臓に還流する。その結果、心臓はより多くの血液を皮膚に循環することができ、それに比例して汗腺の能力も向上する。

それがどの程度の効果があるのかも調べてみた。若年者と高齢者を対象に、最大酸素消費量の60～70％に相当する「ややきつい」「きつい」運動を、一日30～60分間、週3～4日おこなってもらい、運動のあとに、たとえば、牛乳（200mLあたり糖質15g、タンパク質6～10g）ならカップ2～3杯、甘いスナック（糖質20～55g）に相当する糖質・タンパク質補助食品を摂取してもらった。その結果、1週間～2ヵ月で皮膚血管拡張能、発汗能が20～50％改善することを確認している。

これは、登山にかかる時間を短縮するだけでなく、登山中の余計な体温上昇、心拍数上昇を抑制し、楽な登山を可能にすることを意味する。

寒さに強くなるには

筋肉質の人は寒さに強い、といわれるが、これは事実である。となると、寒さ対策に有効なのは、やはり、筋肉量の増加である。

筋肉は、収縮していない安静時でも、細胞内でATPを消費しエネルギーを絶えず消費している。すなわち、筋肉は必要なときにいつでも動けるように「アイドリング」（ウォーミングアップ）しているのだ。したがって、もし、筋肉量が増加すれば、安静時の代謝量が上昇するので体が温まって寒さに強い体になる。また、図20で示したように、筋肉量の増加は「ふるえ」で発生する熱量を増加させるし、さらに、その筋肉を使って運動をすれば、その強度と継続時間に応じて、多くの熱量が産生される。その分、体が温まって寒さに強くなる。

寒冷馴化《じゅんか》した人は、されていない人に比べ、寒冷環境に置かれてもなかなか「ふるえ」が起こらないようになる。これは「非ふるえ熱産生」のためである。すなわち、寒冷環境に置かれると交感神経活動が活発になり脂肪が燃え、熱が産生される。寒冷環境に幾度となく置かれると、そのメカニズムが発達するようになる。これを「非ふるえ熱産生」という。

実際、私が17年前、京都から松本に赴任して、まず驚いたのは真冬の信州大学の学生の服装が薄着だったことである。京都の冬も寒いが、松本はさらに寒い。それでも、京都の学生よりも信州大学の学生のほうが薄着なのである。かくいう私も、昔に比べて薄着になった。むろん、松本のほうが京都に比べ湿度が低いというのも影響しているとは思うのだが。

ただし、「非ふるえ熱産生」は安静時代謝のせいぜい10％程度（0・1kcal／分）だといわれている。このように、寒さに強い体になるには、全身の筋肉量を増加させて基礎代謝量を上昇させること、非ふるえ熱産生量を増加させることが有効である。

第4章

富士登山と高山病

4-1 富士山に挑戦しよう

中高年の登山者で、「富士山に登りたい」という希望を持っておられる方は多い。実際に登られたご経験のある方も多いだろう。富士登山者は夏の2ヵ月間のシーズンだけで年間30万人にもなるという。

富士山（標高3776m・写真5）は登山道や山小屋がよく整備されていて、歩行の難易度は低いが、怖いのは高地障害（高山病）である。登山前には高山病の知識を付けて、対策を講じておく必要があろう。

高山病は八合目から

これまでに富士登山を経験した方で、五合目の登山口から順調に登山してきたのに、八合目の小屋付近から、急に、動悸がし、息が上がり（息苦しく感じ）、足が重くなったという経験を持つ登山者は少なくない。なかには、頭痛、吐き気まで感じた方もおられるだろう。その原因は、高度の上昇にしたがって気圧が低下し、それに比例して大気中の酸素分圧が低下するが、それが体に影響を及ぼしはじめる高度が3200mで、八合目付近がその高さだからである。いわゆる

「高山病」の症状が出始めるのが八合目付近、ということだ。

　では、なぜ、その高度で急に症状が出だすのであろうか。図23に動脈血中の肺胞内の酸素分圧（高度）とヘモグロビンの酸素飽和度との関係を示す。肺胞内の酸素分圧とは、肺胞で血液と接している酸素の圧力で、平地では大気圧が760㎜Hgなので、その14%に相当する。

　ヘモグロビンは血色素とも呼ばれ赤血球に含まれる。そのために血は赤い。ヘモグロビンは酸素と結合しやすく、空気と血液が肺の肺胞と呼ばれる非常に薄い膜を介して接すると、肺胞と血液の酸素分圧の差にしたがい、すばやく肺胞中の酸素が血液に溶け込む。したがって肺胞内と動脈血中のガス分圧はほぼ等しい。

［写真5］富士山（堀内雅弘氏提供）

　気圧は、平地（標高0m）では760㎜Hgであったものが、富士山八合目（標高3200m）では520㎜Hgに低下する。そのときの肺胞内の酸素分圧は、それぞれ100㎜Hgから50㎜Hgにまで低下する。一方、ヘモグロビン全量の何%が酸素と結合しているか（酸素飽和度）をみると、肺胞内の酸素分圧が60㎜Hg以上では、ほぼ100%近くを飽和しているが、それ以下で急激に低下するのがわかる。

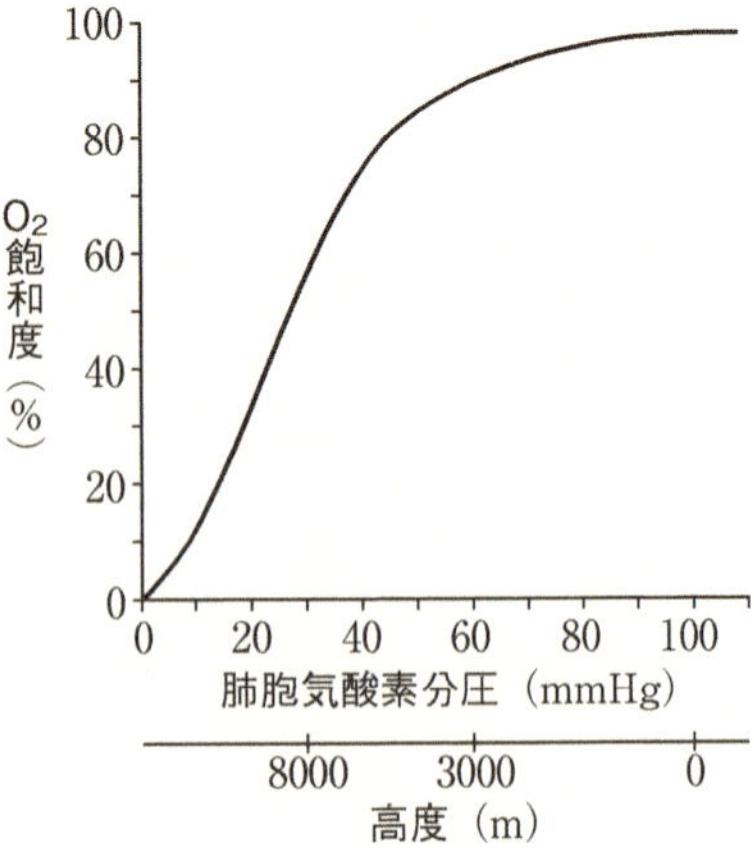

［図23］血液中の血色素（ヘモグロビン）の酸素飽和曲線。血色素は赤血球内にあり、酸素と結合し、筋肉など末梢に酸素を運ぶ。標高０ｍではすべてのヘモグロビンに酸素が結合しているが、標高3000ｍでは80％に低下し標高8000ｍでは55％に低下する。

これはヘモグロビンの物理化学的な特性である。

　こうしたメカニズムで、３２００ｍまでは平地となんら変わらない「シンドサ」で登山できるが、それを超えると急に低酸素に対する体の反応が起こるのだ。たとえば、呼吸が著しく亢進する、すなわち、息が上がり、息苦しさを感じる。

　では、この息苦しさの原因は何だろうか。

標高３２００ｍで何が起こるのか

　まず、図24（A）を見ていただくと、肺胞内（動脈血中）の二酸化炭素分圧が上昇すれば、その上昇の程度に応じて「鋭敏に」かつ「直線的に」呼吸気量が上昇しているのがわかる。

　たとえば、私たちは、呼吸を30秒ぐらい止めると息苦しさを感じるが、これは頸動脈にある化

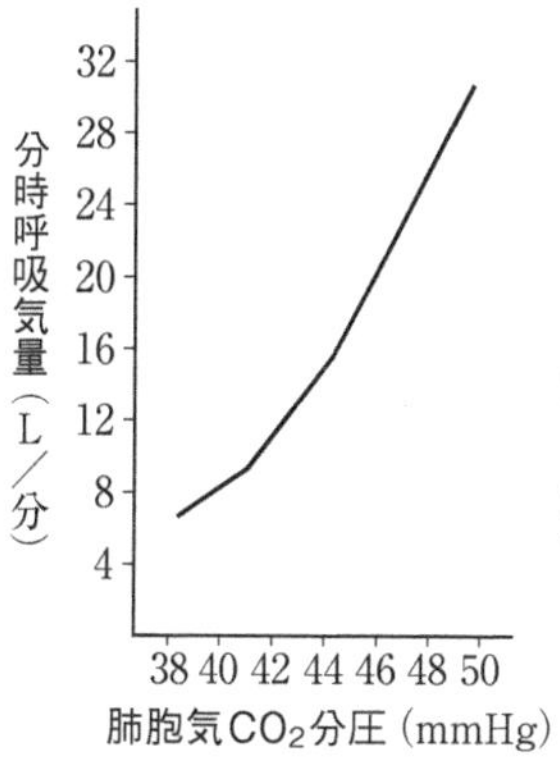

(A)

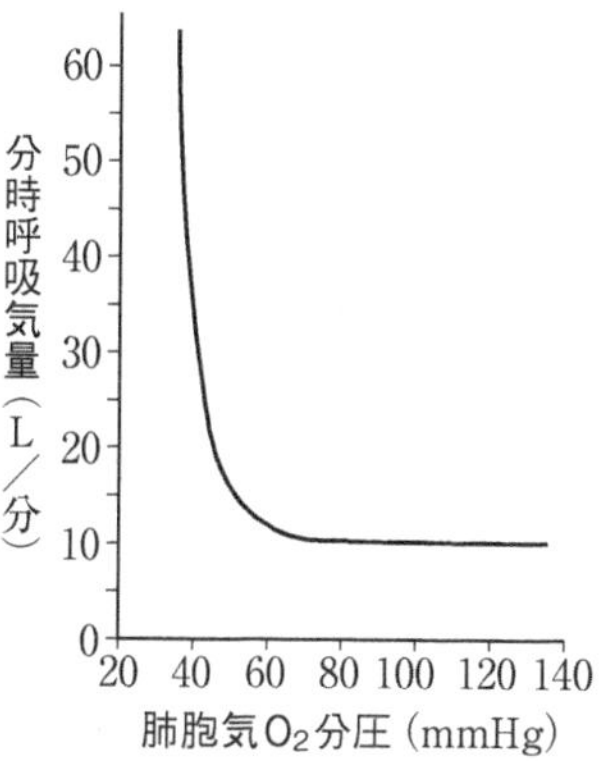

(B)

［図24(A)］肺胞内（動脈血）二酸化炭素分圧（$PACO_2$）と呼吸気量との関係。$PACO_2$の少しの変化でも呼吸が促進することに注目。

［図24(B)］肺胞内（動脈血）酸素分圧（PAO_2）と呼吸気量との関係。PAO_2が60mmHgに低下するまで（3000m高度）呼吸が促進しないことに注目。

学受容器で二酸化炭素分圧の上昇を感知して、この情報が延髄の呼吸中枢に伝えられ、「もっと呼吸をして、二酸化炭素を体外に排泄してください」という信号が、大脳にも認識されたからである。一方、このとき、体は酸素不足になっているのか、というと、全くそうではない。ヘモグロビンの酸素飽和度が60%以下に達するとチアノーゼといって、唇、眼瞼粘膜が紫色になるが、30秒息を止めてもそのような症状はみられない。血液中にまだ酸素は十分あるのだ。

すなわち、私たちの日ごろの呼吸は、血液中の二酸化炭素分圧変化に依存しておこなわれているのだ。これを「呼吸のCO_2ドライブ」と呼ぶ。

次に、図24（B）を見ていただくと、肺胞内（動脈血中）の酸素分圧が低下すると、それが60㎜Hgに低下するまでは呼吸量はさほど顕著に増えないが、それ以下になると「指数関数的」に呼吸気量が増えることがわかる。これも頸動脈の化学受容体によって惹き起こされる。このときに感じる息苦しさは、非常に強く、体にとっては緊急事態の警報なのだ。登山によって酸素消費量が増えて、肺胞内の酸素分圧が少し下がるだけで呼吸が著しく促進する。これが、富士山の八合目（標高3200m）付近でおこるのだ。

高山病のメカニズム

さて、このような呼吸になって困るのは、動脈血中の二酸化炭素分圧の調節が無視されるということである。つまり、平地では「二酸化炭素分圧を40㎜Hgにするように」呼吸をフィードバックしてきたのに、これからは、酸素分圧を確保するために呼吸をおこなうということである。これを「呼吸のO_2ドライブ」という。「呼吸のO_2ドライブ」では、大げさにいえば、肺胞内（血液中）の二酸化炭素分圧は、どうなろうが知ったこっちゃない、ということになる。その結果、過換気になって血中二酸化炭素分圧が34㎜Hgに低下してしまう。

では、この程度、血中二酸化炭素分圧が低下したらどうなるのか。そのときの症状を体験するには、10回ほど深呼吸をすればよい。

これは、子供のころ、夏に海水浴に行ったとき、早く海に入りたくて浮き袋をふくらましたときに体験した症状である。手の先の血管が収縮してピリピリして、頭がフラフラして、目の前が真っ暗になったことを覚えておられないだろうか。いわゆる過呼吸症候群と呼ばれる症状である。このように動脈血の二酸化炭素分圧がほんの少し低下するだけでもこのような症状が出てくる。

ヘモグロビンの酸素飽和度は３２００ｍ高度で80％になるが、そのため最大酸素消費量の低下が起きる。動脈血中の酸素飽和度が平地の１００％から80％に低下すると、巻末に添付した酸素消費量の計算式**4**にあてはめて、Ａさんの場合、３２００ｍ高度での最大酸素消費量は１７８０mLとなり、平地で求めた２３７３mLの75％となる。

すなわち、Ａさんが、常念岳を登山したときの酸素消費量が1分間あたり１４５０mLで、平地の最大酸素消費量の59％に相当し、「きつい」登山をしていたが、３２００ｍ高度で、もし同じ速度で登っていたら、その高度の最大酸素消費量の81％だから「非常にきつい」登山となる。この高度を超えると急に動悸を感じるのが納得できる。

さらに、最大酸素消費量の60～70％以上の相対運動強度では、筋肉の血液中の乳酸が上昇してくる。その結果、強い息切れ、息苦しさを感じる。さらに、二酸化炭素の排泄による動脈血二酸化炭素分圧の低下が脳血管を収縮させ、それらは相乗して頭痛、吐き気を引き起こす。

ヒマラヤ登山はやっぱりきつい

富士山は最高地点でも4000m以下である。では、富士山より高いヒマラヤなどの高地では最大酸素消費量はどのように低下していくのであろうか。

図25に高度と最大酸素消費量との関係を示す。平地（700m）でかなり体力のある人で55mL/kg/分あってもエベレスト山（標高8848m）の頂上では15mL/kg/分と平地の27%まで低下する。要介護の高齢者なみの体力になる。安静時の酸素消費量が5mL/kg/分、平地での通常速度の歩行が5mL/kg/分だから、エベレスト山頂上の高度では、平らな道を、空身で歩いているだけで最大酸素消費量の67%になり「かなりきつい」運動となる。

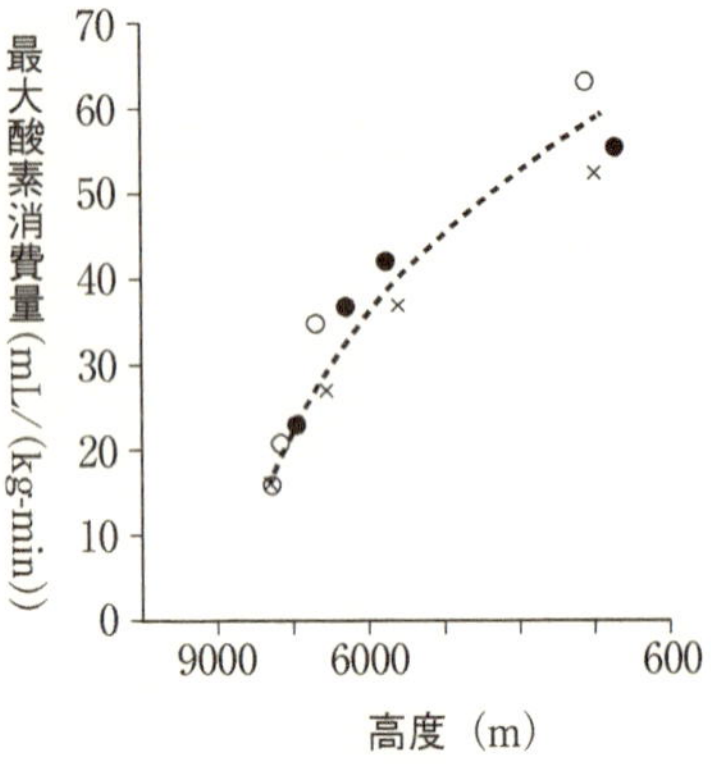

［図25］高度と最大酸素消費量の関係。海抜600mで60mL/kg/分あった人でも、エベレストの頂上（8848m）では20mL/kg/分になることに注目。

では、実際のヒマラヤ登山では、どれくらいのエネルギー消費量で登山をしているのだろうか。

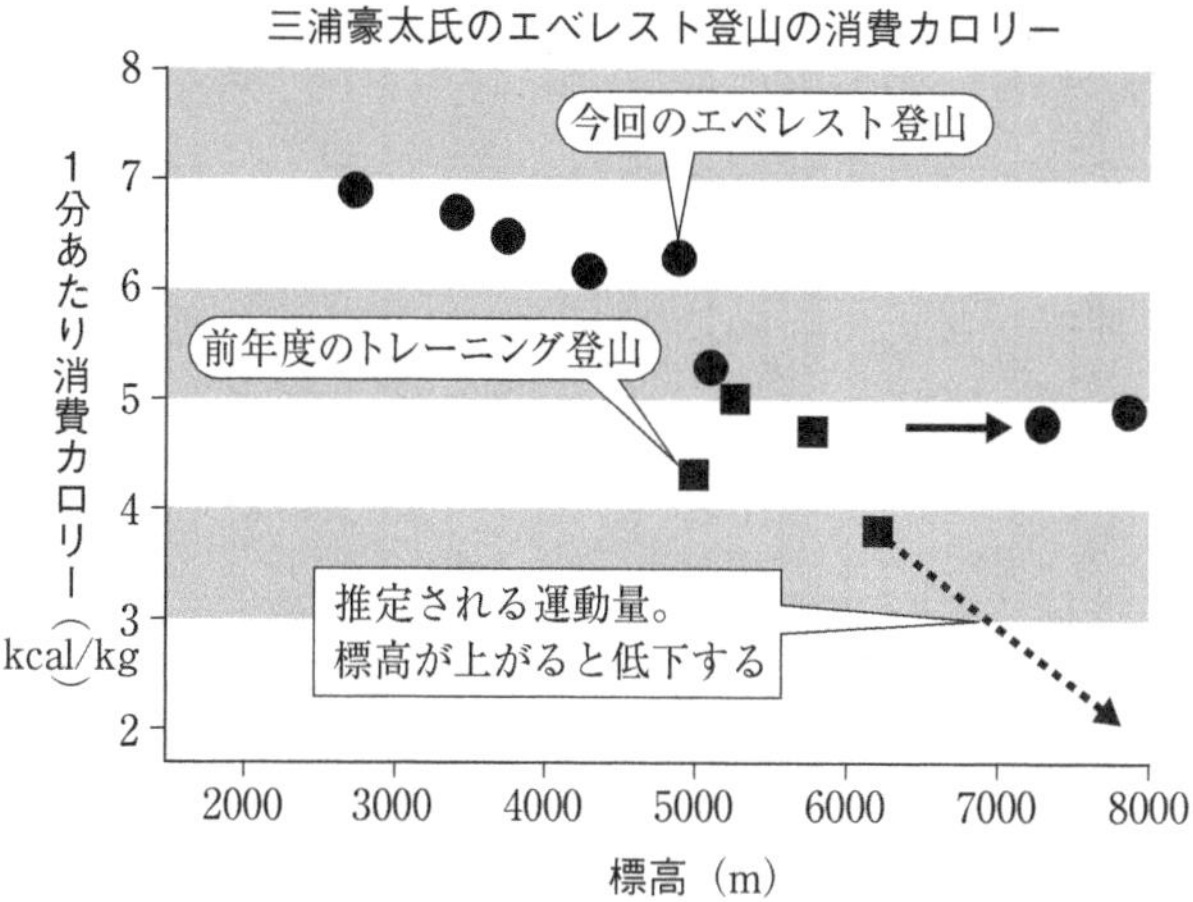

［図26］2008年、三浦雄一郎氏のエベレスト登山に同行した三浦豪太氏の標高ごとの登山の1分間あたりのエネルギー消費量。前年度の偵察時のデータも一緒に示した。2000m高度では7kcal/kg/分で行動しているが、6000m高度ではその半分に低下しており、図25の結果を裏付けている。

図26に2008年三浦雄一郎氏らの隊がエベレスト山に遠征されたときに、同行された三浦豪太氏の運動量を携帯型カロリー計によって測定したものである。2000m高度では、安静時代謝量を省いて7kcal／kg／分＝35mL／kg／分で登山しているが、高度が上がるにつれ低下し、6000m高度では4kcal／kg／分と60%にまで低下しているのがわかる。

理論上、8000mでは、さらに30%近くまで低下するはずだが、豪太氏はこの高度で6000mと同じ強度で、しかも無酸素で登山した結果、体調をくずされ登山を断念された。おそらく、大量に発生した乳酸を分解できなかったことが、主な原因と考える。

高地では汗をかきやすい

過日、ある医学系雑誌の読者から、ヨーロッパ・アルプスにトレッキングに行ったが、日本の山よりも、よく喉が渇いて、水筒の水がよく減ったがなぜか、という問い合わせがあった。おそらく、標高3200m以上では、汗をより多くかくようになったためと考えられる。なぜ、汗をかきやすくなったのか、を説明しよう。

図27（A）は、標高3200m、気温30℃、相対湿度50％の環境に設定した人工気象室で、7名の学生（体重64kg）に、平地の最大酸素消費量の50％の強度で運動をしてもらったときの皮膚血管拡張度と発汗速度を測定した結果を示している。図で示すように、平地（670m）に比べ、高地環境では運動時の皮膚血管拡張反応が抑制される。一方、発汗量の反応の感度は変わらなかった。すなわち、高地では皮膚の血流が抑制されるので、汗を多くかいて体温調節を補うのだ。

では、なぜ、高地では皮膚血管の拡張が抑制されるのであろうか。実は、これには高地における運動時の血液量の過度な減少が関与している。

図27（B）は、平地と3200m高度における運動時の血漿量の変化を示す。図からわかるよ

うに平地に比べ、高地環境では血漿量が減少しているのがわかる。血漿量の減少は血液量の減少を意味する。では、なぜ、運動時に血漿量が減るのだろうか。それも平地で４００mL、高地で６００mLと半端な量ではない。汗による脱水ではないか、と思われるかもしれないが、運動開始後

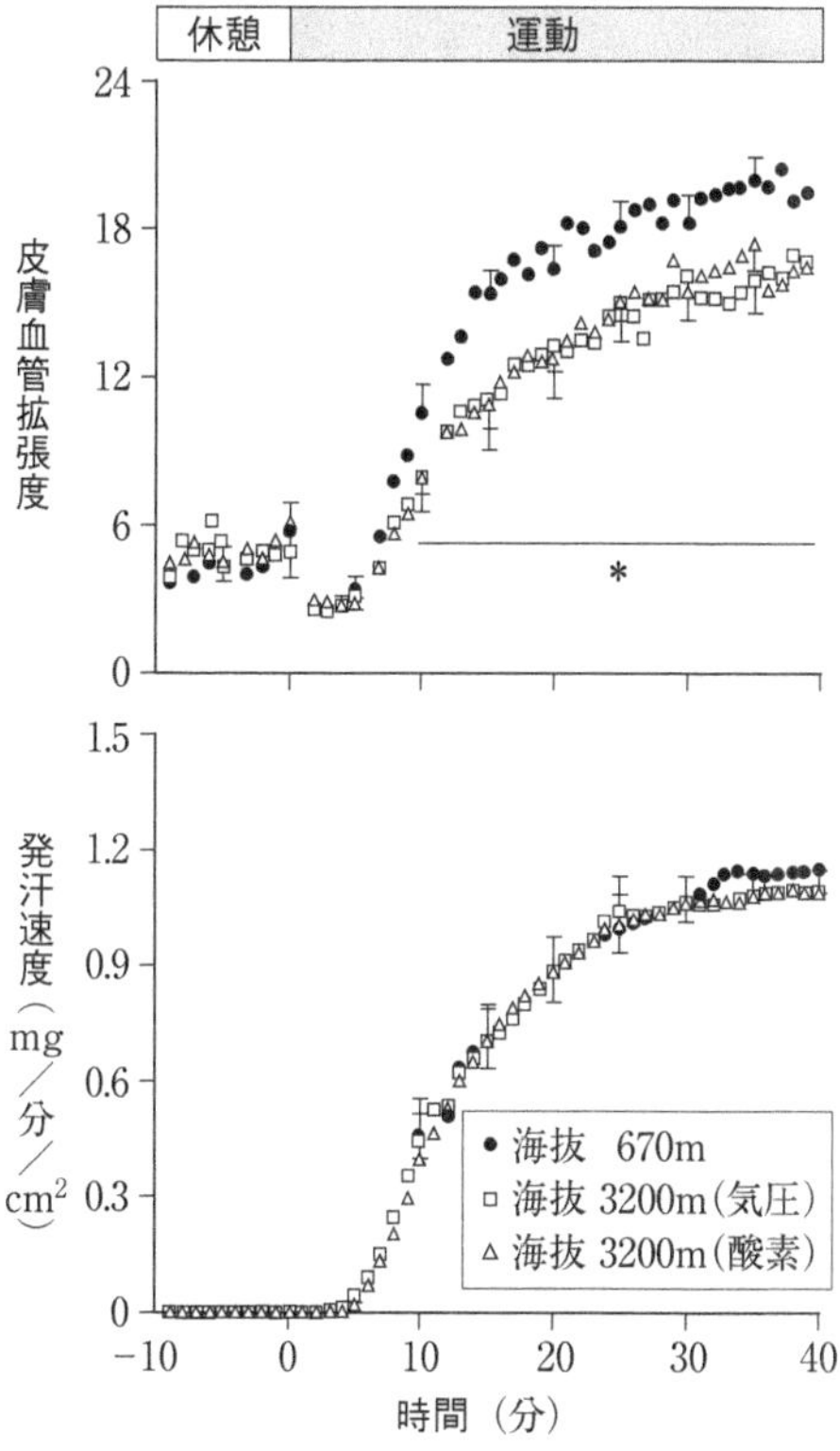

［図27(A)］ 高度が運動時の体温調節反応に及ぼす影響。海抜3200m高度では、670m高度に比べ、皮膚血管拡張反応が30％程度抑制される。そのぶん、汗を多くかかねばならない。

*：海抜670mに対して、P＜0.05の危険率で統計的に有意な差があることを表す。縦バーは７名の標準誤差の範囲で、平均値の変動範囲を表す

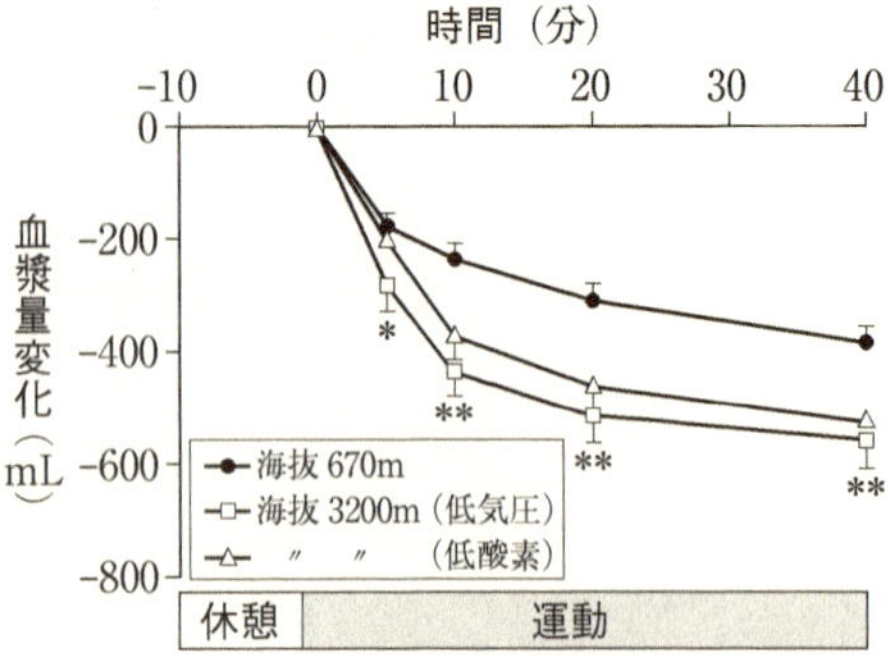

［図27（B）］高度が運動時血漿量変化に及ぼす影響。3200m高度では、670m高度に比べ、活動筋内への水分移動が加速され、血漿量の減少が促進する。これが、皮膚血管拡張を抑制する原因である。

*，**：海抜670mに対して、P＜0.05, P＜0.01の危険率で統計的に有意な差があることを表す。縦バーは7名の標準誤差の範囲で、平均値の変動範囲を表す

10分で、まだ、発汗がさほど起きていない時間で血漿量の減少のほとんどが起きている。

実は、この血液のほとんどは下肢の筋肉組織に移動したのだ。そのメカニズムは少しややこしい。まず、運動時に筋肉内で代謝が亢進すると、局所的に筋血管が拡張される。その結果、筋血流が増える。すると、筋の毛細血管内圧が上昇して血液中の水分が筋組織内に移動する。さらに、筋肉内に乳酸が産生されるが、その細胞内からの排泄には時間がかかるので、細胞内外に浸透圧勾配が発生し、細胞外から細胞内に水分が移動する。すなわち、運動時には筋肉は「腫れて」いるのだ。

そのうえ、高地では低酸素環境であるために、同じ強度の運動をしても、乳酸などの産生が促進する。また、動脈血中の酸素分圧が低下することで筋の血管が拡張し、毛細血管圧を上昇させ

る。

これらはすべて、血管内から血管外への水分の移動を促し、血漿量を減少させる。このような高地における血漿量の過度な減少は、血液の心臓への還流量を減少させ、皮膚に分配する血流量を減少させる。それが、皮膚血流の増加による体温調節能を低下させるのである。

汗をかくことのメリット・デメリット

皮膚血流量の減少によって、高地では汗をかきやすくなることを述べた。では、高地で汗をかくと、体にどういう影響があるだろうか。

高地では空気の密度が低下するので、皮膚血流を増やして体表の温度を高くしても、熱量が空気に伝播しにくくなる。3000m高度では、平地に比べ皮膚血流による熱放散効率は10%低下する。一方、高地で空気密度が低くなると、水分子がほかの気体分子によって熱運動を阻害されにくくなって、汗が皮膚表面から蒸発しやすくなる。3000m高度では、平地に比べ汗による熱放散効率は10%上昇する。このような高地での熱放散機構の変化は、人体の熱放散機構の変化を考慮すれば都合がよい。これは高地で汗をかくことのメリットといえる。

一方、デメリットとしては、高地では一日の寒暖の差、気温、湿度の変化が大きく、汗の蒸発に影響することだ。もし、温度が急激に下がって湿度が上昇すれば、汗が蒸発せず下着と肌の間で結露し、体表から大気への熱伝導が増えて急速に体温を低下させてしまう。また、高地では発汗により脱水しやすくなるが、平地に比べ喉の渇きを感じにくくなっていて、水分摂取量が脱水量に追いつかず血液量が低下する。そのため体温調節能を含めた運動能力が低下する。高地において喉が渇きにくくなるメカニズムは、まだ十分に明らかにされていない。

まとめると、3200m高度では、呼吸量が増え、血中二酸化炭素分圧は低くなる。それが脳血管を収縮させる。さらに、最大酸素消費量が下がり、乳酸産生を促し、息切れ、息苦しさを引き起こす。これによって相対的に運動強度が上昇し、活動筋への水分移動が進み、血漿量が低下する。それは皮膚血流量を低下させて、熱放散を阻害する。それを補うのが発汗である。

わかりやすく書くと、高地では脱水が進み、平地に比べ、より多くの水分補給が必要になる。高地では喉の渇き以上に、進んで水分を摂取することが大切だ。しかし、行動中は摂取タイミングが制限される場合が多く、気温が低いことも手伝って、喉の渇きをあまり感じないものである。

したがって、本格的な脱水回復は夕飯時にすることを勧める。暖かい部屋やテント内で食事をとると、血糖値が上がり、体が温まってくると喉の渇きを感じる場合が多い。就寝時も枕元に水筒を置いて喉の渇きを感じたときに、適宜水を摂取するとよい。

４ ２ 富士山の高度に馴れるには

ボゴダ・オーラ峰での体験

私は学生時代、母校の山岳部に所属し、四季を通じて信州の山々に親しんだ。その合計は、年間60日近くになるのだから、６年間の医学部在籍中、１年間は山のなかにいたことになる。当時の大学山岳部が目指していたものは、まず、人があまり登っていない山を見つけだし、資料を調査し、計画を立て、それを成功させる、というスタイルを踏むことだった。

そのおかげで、当時の私は「自分の可能性を信じ、目標に向かってひたすら努力すること」が格好いい生き方だと信じ込んでいた。したがって、卒業後、「まず、患者さんありき」という受け身の姿勢が要求される臨床医になることに何か物足りなさを感じていた。卒業間近のある日の夜遅く、臨床実習で疲れて附属病院から出てきた私の目に基礎医学研究棟の煌々と輝く蛍光灯の光が飛び込んできた。それがまるで仲間とかつて登った春の鹿島槍ヶ岳の雪稜に見えた。白く輝く頂上に向かって伸びる赤いザイルは、今でも私の生きるプライドの象徴である。

はたして、私は母校の生理学教室に入ることになったが、医学部出身者のほとんどは臨床医学

［写真6］ボゴダ・オーラ峰

に進むので、私のような人材は希少価値があったのだと思う。早速、助手に採用していただいた。教室に入って3年ぐらい経ったころ、京都山岳会が天山山脈の未踏峰であるボゴダ・オーラ峰（標高5445m・写真6）に遠征隊をだすが、その隊付きドクターを探しているという話が飛び込んできた。この山は、タクラマカン砂漠の北、シルクロードの天山北路と南路の分岐点の中国・ウルムチ市郊外に位置し、戦前、イギリスの有名な探検家、エリック・シプトンによって試登され、彼の著書『ダッタンの山々』（白水社刊）で紹介されたが、その後の中国の鎖国政策のために未踏峰として残っていた名峰である。

「これぞ、基礎医学に飛び込んだ本来の目

的」といわんばかりに、指導教授に許可を願い出たが勝算はおおいにあった。理由は、先代の教授から受け継いだ教室の研究テーマが「人体の環境適応能」に関するもので、ＯＢには寒冷適応を研究テーマに南極観測の越冬隊に参加した方もおられたからだ。案の定、「まあ、将来何かの役に立つだろう」という、教授のおおらかな判断で出張が許可された。

一方、当時の母校の学長はじめ事務員は「遭難したら殉職扱いになってしまい、京都府民の血税の無駄遣いになる、辞職していけ」の一点張りだった。これには、登攀隊長が、当時の京都府知事だった林田悠紀夫氏に直接掛け合ってくれた。知事が彼女の挑戦を意気に感じてくれて、「日中友好に大変意義深い」という学長宛の推薦状をだしてくれた。それが効を奏して、助手のまま出張することが許可された。そのときの登攀隊長の貫いた「力の弱い者は正面攻撃」という姿勢は、今に至るまで私の人生の基本姿勢になっている。

さて、「登山のために行くのではない、高地医学の研究にいくのだ」と学長の前で大見えを切った私は、はたして、何を研究するのか、大変困ってしまった。研究資材も限られているし、ほとんど一人で取り組まなければならないからだ。そして、何よりアイデアがない。

母校の山岳部のＯＢで、当時、防衛医科大学で高地医学を専攻されていた教授に相談に行ったが、「貴方は高地医学を研究するために遠征隊に加わるんですよね。まさか、山登りのために行くんではないでしょうね」と念押しされ、返答に困った。研究について彼から受けたアドバイスは、せっかく、長期の遠征隊に加わるのだから実験室では絶対できない高地馴化に関する研究がよい、また、どうせ、登山中は生きているだけで精一杯で、欲張っても、結局、何もできないのだから、隊員の方々に、起床してまだ寝袋にいるときの基礎心拍数、基礎体温を測定すること、それと毎日の体調を手帳に記録してもらうことを頼みなさい、ということだった。

高地馴化には1週間かかる

アドバイスにしたがって、登山中に、隊員の皆さんに基礎心拍数、基礎体温、息こらえ時間、体調を記録してもらった。さらに、彼らに24時間の尿をポリボトルに蓄えてもらい、その量を測定し、その一部を持ち帰り、電解質を測定した。おかげで、隊員10人分の尿ボトルがテントの前に並べられることになった。いつも機会があるごとに隊員に「忘れないように」を連発していたので、さぞかし、うるさかったと思うのだが、ほとんどの方々が協力的だった。

この基礎心拍数と基礎体温は、朝、寝袋から出る前に臥位で測定する。立ち上がったり動いたりすると正確に測定できない。また、基礎体温は目盛りが細かい婦人体温計を舌の下に3分間入れて測定する。これらの測定値は、隊員のその日の体調を予測するのに役立った。基礎心拍数と基礎体温が高い隊員はその日の行動に支障をきたすことが多かった。また、息こらえ時間は、呼吸のO_2ドライブの指標となる。

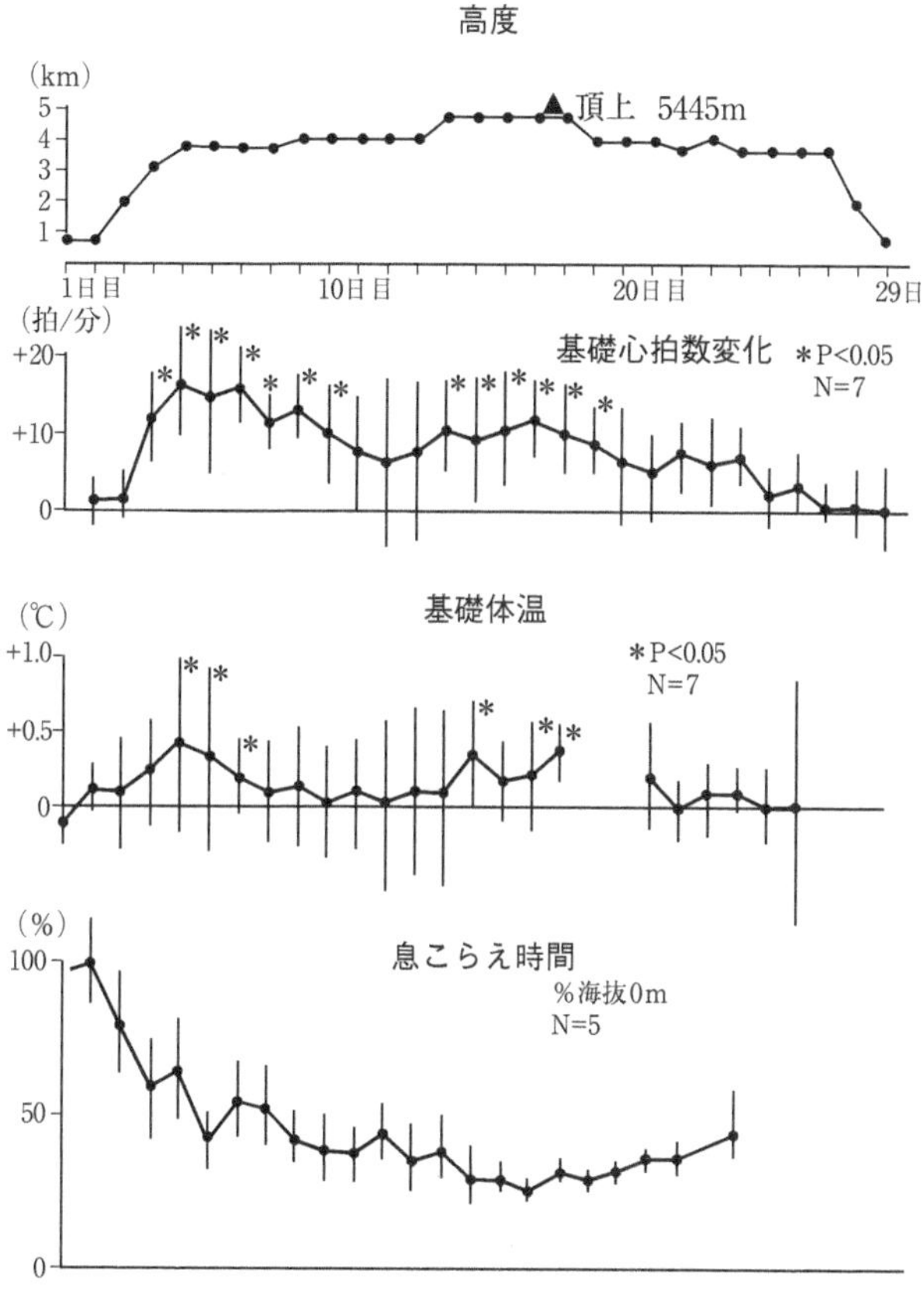

［図28(A)］ボゴダ・オーラ峰登山時の基礎心拍数、基礎体温、息こらえ時間。4000m高度到達後、基礎心拍数、基礎体温は上昇するが、同高度に1週間程度滞在すると、それらが平地レベル近くまで低下する。息こらえ時間は高度に応じて短縮し4000m高度では平地の40%にまで低下した。

縦バーは標準偏差の範囲で数値のバラツキの範囲を表す

図28（A）に、登山高度、基礎心拍数、基礎体温、息こらえ時間を示す。最初の3日間で、1000m高度から3800m高度まで上ったとき、基礎心拍数は16拍／分上昇している。しかし、その高度に滞在すると徐々に低下し、7日間滞在すると10拍／分低下した。その後、4500m高度のアタックキャンプに上ると心拍数が若干上昇している。一方、基礎体温もほぼ心拍数と並行して変化しているのがわかる。

息こらえ時間は、ほぼ高度とミラーイメージを示し、高地では呼吸のO_2ドライブが高度に応じて著しく亢進しているのがわかる。基礎心拍数の上昇は、そのまま登山行動中の心拍数に上乗せされるので、Aさんの例なら、常念登山で120拍／分で「きつい」登山をしていれば、この高度では136拍／分で「かなりきつい」登山となる。

図28（B）は、登山高度と高山病様症状を10名の隊員中何人が示したかを表している。3800m高度到達後7日間は、頭痛、浮腫、不眠を訴える隊員が3～6名いた。

図28（C）は、尿量と電解質濃度を示している。水分塩分の摂取量を記録していないので、正確なことはいえないが、それらが一定と仮定して、3800m高度に到達後、尿量が低下するが、その高度に7日間滞在すると尿量が回復した。このとき、尿中のナトリウムイオン（Na^+）とカリウムイオン（K^+）の排泄比（Na^+／K^+比）をみると尿量とともに回復した。腎臓でのナトリウムイオンの再吸収は、レニン・アンジオテンシン・アルドステロン系と呼ばれるストレスホルモ

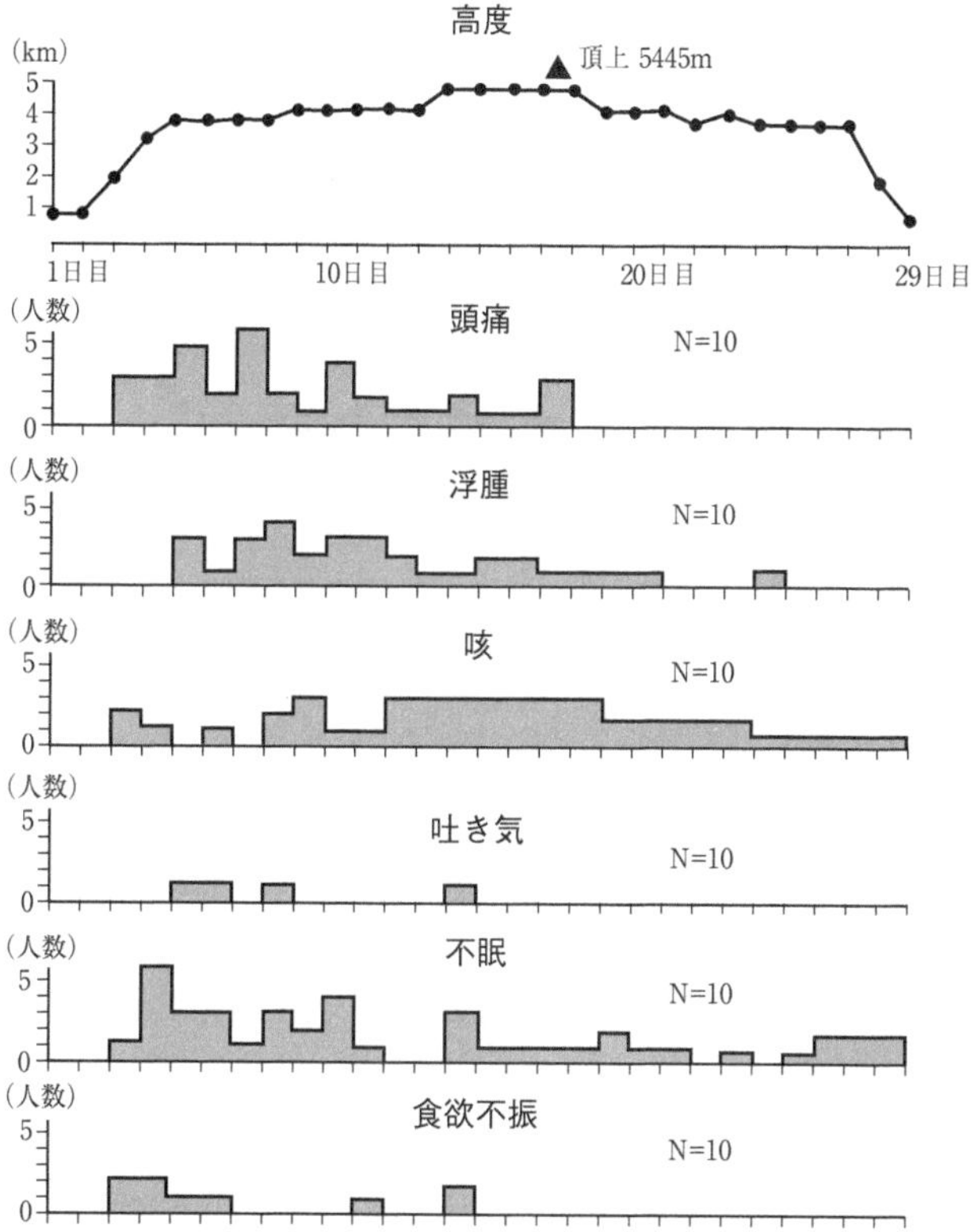

[図28(B)]　ボゴダ・オーラ峰登山時の高山病様症状。4000m高度到達後1週間は、頭痛、浮腫、咳、不眠の症状がみられたが、その後、改善した。

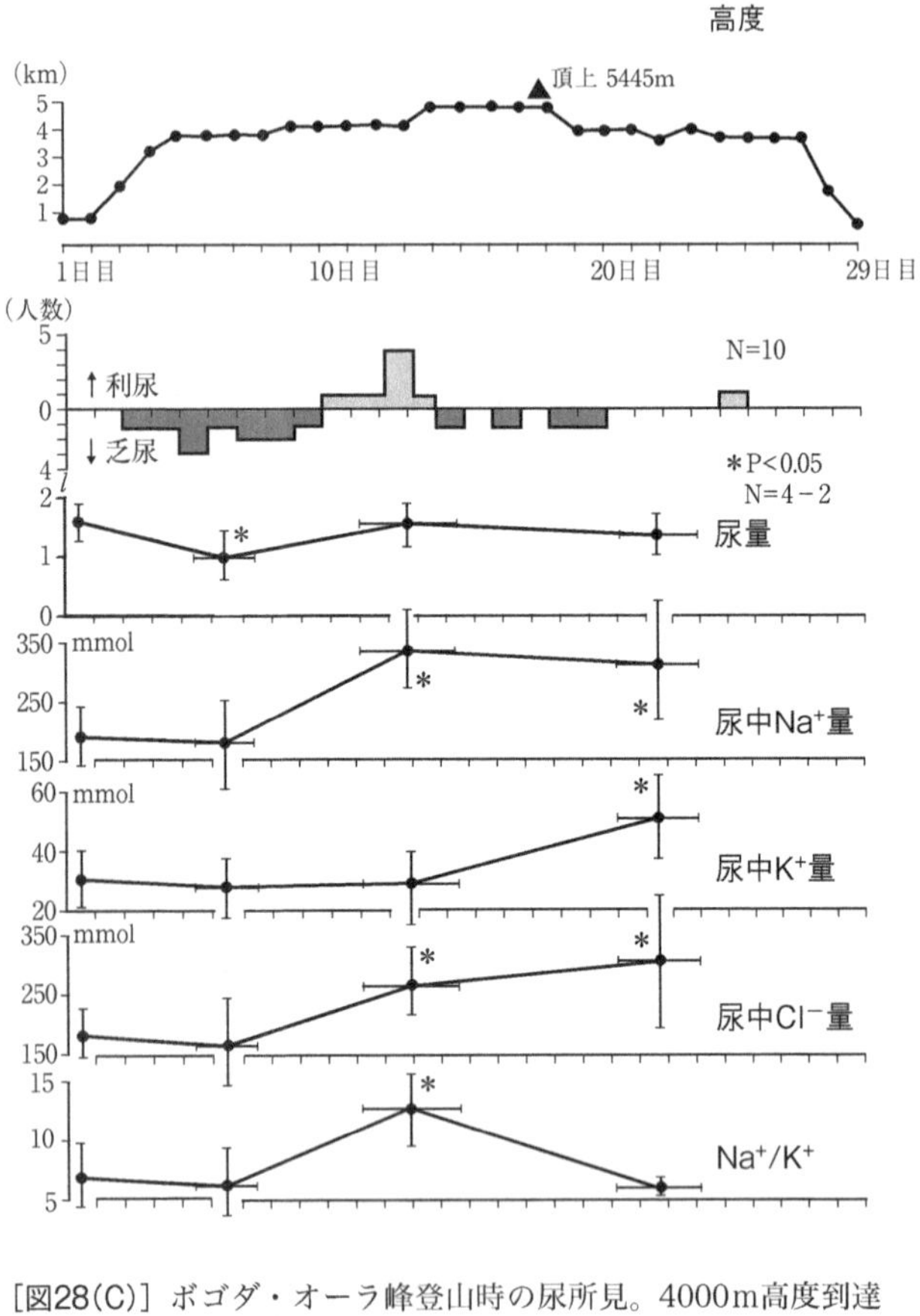

[図28(C)] ボゴダ・オーラ峰登山時の尿所見。4000m高度到達後しばらくは、乏尿の症状がみられたが、1週間後、顕著な利尿が観察された。

ンによって調節されているが、高所到達後、これらのホルモンが分泌され、尿量を減少させ体内にナトリウムイオンを蓄えようとする（したがって、浮腫も起こる）。その結果、尿中のNa^+／K^+比が低下するのだ。しかし、7日間経てば、それらの分泌が抑制され、Na^+／K^+比と尿量が回復したと解釈できる。

浮腫は、顔面だけでなく、大腿部から下半身で顕著であった。女性隊員では、ちょうど生理前に顔面の浮腫が悪化した方がいた。これは、女性ホルモンにNa^+貯留ホルモン様の作用があるためと考えられる。また、4000m高度でテントの設営など献身的に動き回った隊員で、特に浮腫がひどかった。これは、乳酸が分泌されるような強度の高い運動時には、水分・Na^+を貯留するストレスホルモンの分泌が増加するから、と考えられる。

弾丸登山が危険な理由

以上からわかることをまとめてみよう。

まず、3800m高度に到達すると、その大気中の酸素分圧の低下によって呼吸気量と心拍数が増え尿量が低下する。しかし、これらはその高度に滞在すると徐々に安定し、7日間で平常値に近づく。基礎体温の上昇は、これらの呼吸・循環応答が活発になることで代謝量が上昇しているためと考えられるが、この上昇も7日間で低下した。また、それらの生理学的な反応の回復に伴って、当初観察されていた頭痛、浮腫、不眠といった高山病様症状も改善した。ただし、高所に滞在しても呼吸量の増加（息こらえ時間の短縮）は抑制されず、また、それに伴って登山期間中、咳に悩む隊員も数人いた。

これらの結果から判断できることとして、標高3200m以上の山に挑戦するときは、できるだけゆっくりと登ることが大切である。もし、読者のなかに富士山など、3200m高度以上の登山をする方がおられるのなら、いわゆる「弾丸登山」は絶対控えるべきである。七合目ぐらいで十分な休憩をとるか、七合目以上の高度で、時間的な余裕を持って、できるだけゆっくり上り、体が少しでも高度に順応する時間を取るほうがよい。

高地馴化のメカニズム

ボゴダ峰の調査でもわかったように、高所に長く滞在していると、その環境に体が慣れてくる。これを「高地馴化《じゅんか》」というが、どういうメカニズムなのだろうか。

まず、高所に数ヵ月間滞在すると赤血球量（血色素濃度）の上昇によって動脈血中の酸素含有量が上昇する。また、肺の残気量（呼吸によって洗い出されない空気の量）が増加することで、急激な動脈血中の二酸化炭素濃度の低下による障害が出にくくなる。さらに、筋肉中の毛細血管密度の増加、筋細胞のミトコンドリア内の好気的代謝系の酵素が誘導され、乳酸が産生されにくい体質になるので息切れも改善する。

ただし、一般に高所では、赤血球量は増えても、血漿量は減少するので、血液量の増加は起こらず、したがって、心臓に還流してくる血液の量は増加しない。さらに、赤血球量が増えると血液の粘度が上昇して心臓が末梢に向かって血液を押し出すための仕事量が増える。したがって、高地馴化しても、最大酸素消費量は平地にいるときと変わらないとされる。

また、このように高所環境に適応できるのは、せいぜい6000m高度までで、それ以上の高度では、滞在すればするほど体力の劣化が起きる。このことから、6000m高度まではできるだけゆっくり登り、それ以上の高度ではできるだけ速く登ることが推奨されている。

終章

なぜ山に登るのか

登山と健康

これまで、登山は体力だ、ということを環境・生理学の立場から述べてきた。そして、加齢による体力の低下を防止することが、より安全で、充実した登山になることがわかっていただけたと思う。

一方、この体力の低下が中高年の生活習慣病の根本原因であることをご存知であろうか。図6で示したように、私たちの体力は10歳代後半をピークとし、30歳以降10歳加齢するごとに5〜10%ずつ体力が低下するのだが、これと医療費が見事に相関するのだ。

私たちは松本市を中心に、5400名の中高年者を対象に、先に述べた「インターバル速歩トレーニング」を実施し、5ヵ月間で体力が10%向上すれば、高血圧、高血糖、肥満などの生活習慣病の諸症状が20%の人で改善し、うつ症状、膝痛関節症の症状がそれぞれ50%の人で改善することを明らかにした。これらの結果は、中高年者の加齢による体力低下こそが、生活習慣病の根本原因であるということを示している。

生活習慣病のメカニズムについては諸説あるが、加齢、運動不足によって体力が低下すると、体全体に慢性炎症が起こり、これが、脂肪細胞に起これば糖尿病、免疫細胞に起これば高血圧、脳細胞に起これば認知症、うつ病、がん抑制遺伝子に波及すればがんになる、という説が有力である。慢性炎症とは、風邪を引いたときに喉が痛くなって発熱したり、傷口にばい菌が入ったりすると局所が痛くなって発熱する、といった具合に、外部から体内に微生物などが侵入すると、それを撃退しようとする生体反応である。むろん、体力低下による炎症はこれほど顕著なものではなく、非常に低レベルだが、全身性に起こることに特徴がある。

では、この慢性炎症はなぜ起こるのか。一言でいえば、筋肉細胞内で筋収縮のための「ガソリン」に相当するＡＴＰを産生する「工場」であるミトコンドリアの劣化である。ミトコンドリアが劣化すると、炎症を引き起こすサイトカインというホルモン様物質が筋肉やその他の臓器で産生され、それが血液中に放出され、生活習慣病の諸症状を引き起こすというのだ。非常に単純明快な学説である。

では、どうすればよいか。答えは簡単。運動トレーニングをして、加齢による体力の低下を防げばよい。実際、私たちと共同研究をおこなっている信州大学医学系研究科・分子腫瘍学の谷口俊一郎教授らのグループは、中高年者を対象に、５ヵ月間インターバル速歩トレーニングを実施し、その前後に、炎症反応関連遺伝子の活性を測定した。その結果、炎症を促進する遺伝子はことごとく不活性化を引き起こし、逆に炎症を抑制する遺伝子はことごとく活性化していることを発見した。すなわち、体力アップのための運動は生活習慣病の症状を改善するが、それが遺伝子レベルでも立証されたのだ。

より安全で充実した登山をおこなおう、もっと高い山を目指そう、という行為は、そのまま細胞の若返りを起こし、健康増進につながるのだ。

登山は手段でなく目的である

長野県の一夏の総登山人口は50万人に達し、その70%は中高年者である。なぜ、これほど多くの方々が登山をするのであろうか。

ただ単に、健康にいいから、という合目的論で登山をしているのではないだろう。なぜなら、健康にいいから、といくら「お上」が運動を奨励しても、それを進んで実践しようとする人は少ないからだ。きっと、登山は何かのための「手段」ではなく、それ自体が「目的」になっているはずだ。すなわち、登山は人の本能の欲求に根ざしているのではないか、と思う。

私がこの根拠を述べる前に断っておかねばならないことがある。生理学の授業テーマの一つに「エネルギー代謝」というのがある。私たちが日常生活をしたり運動したりするエネルギーはどこから来るのか、という疑問に答えるのが目的である。私は、まず、黒板に木の葉と太陽の絵を書き、葉の上で光エネルギーを利用して、二酸化炭素と水からブドウ糖が合成される、そして、それをヒトが食べ、細胞内のミトコンドリアで酸素と結合させて、その過程でATPを産生し、それを直接的なエネルギー源として、ものを考えたり、外に向かって仕事しているのだ、それは、ちょうど、高い山から下流に向かって水が流れ、その途中に水車があって、それを回転して粉挽きなどの仕事をしていることに喩えることができる、と説明する。すると、頭のいい学生から「私たちは何のために水車を回しているのでしょう」という質問が来る。

実は、生理学（自然科学）はそれには答えることができないのだ。これまで、この本で述べてきたことは、すべて登山中にエネルギーがどのように流れるのか、どうすればその流れをスムーズにすることができるか、という「Ｈｏｗ？」の疑問に答えるもので、「Ｗｈｙ？」という疑問には一切答えていない。

破天荒な富士登山

なぜ、中高年は登山に夢中になるのか、生理学とは離れるが、私の個人的な考えを述べておこう。随分前になるが、私の友人から、富士山山麓で国際腎臓学会を開催するので参加しないか、という「招待」をいただいた。てっきり発表の機会を与えていただけるのか、と喜んでいたら、そうではなく、学会の余興に富士登山をするので、その引率をお願いしたい、という。彼は私をプロの登山家のように勘違いしていたようだ。ちょっと生理学者としてのプライドを傷つけられたが、まあ、国際的に有名な腎臓学者にもお会いできるしいいか、ということで招待を受けることにした。

学会前日のレセプションでは、翌日の富士登山のことで話題は持ちきりだった。米国からきた当時の国際腎臓学会会長は、「私は、富士登山をするためにこの学会に参加した、そのためにこの数ヵ月自転車で運動トレーニングをしてきた、私が絶対にトップで頂上に立つ」と豪語すれば、スイスからきた若い研究者が「いや、トップは譲らない」と挑戦状をたたきつけ、レセプションはおおいに盛り上がった。

翌朝、吉田口五合目から登山を開始した。登山開始後しばらくは行儀よく隊列を組んで登山をしていたが、会長やスイスから来た人たちが先陣争いで抜け出した。ほとんど走っていたのではないか、と思う。それを国内の「負けず嫌い」の若い研究者が追いかけはじめて、私たちの集団はバラバラになってきた。私は隊列の最後尾にいて「落ちこぼれ」の海外組の5〜6人を引率していた。そのほとんどの人が履いていたのは革のビジネスシューズで、富士登山に飛び入り参加した人たちだった。

「落ちこぼれ」組は、しばらくは、一列縦隊でおとなしく歩いていたのだが、七合目を越えた辺りで、ポーランドから来た年配の研究者が、隣の尾根上の一ヵ所をうれしそうに指差した。見ると稜線上のコバイケイソウが朝日を浴びて輝いている。稜線の黒い影とのコントラストが見事だった。と、そのポーランド人研究者はじめ「落ちこぼれ」組のメンバーが登山道からはずれ、放射状にその尾根に向かって好き勝手に歩き出した。ご存知のように、富士山はもろい火山灰で覆われているから、当然、ガラガラと落石を起こす。それを七合目の小屋の従業員が気づいて、はるか下で両手を振りながら何やら大声で怒鳴っているのが見えるが、私は、ここは日本語がわからないことにしよう、と決め込んだ。読者のなかで「危ないじゃないか、登山ルールを無視している、けしからん」とおっしゃる方がおられるだろう。そのとおりだと思う、弁解の余地はない。だけど、もう時効だから許してほしい。

下山後、学会の夕食会で、「落ちこぼれ」同士、その話でおおいに盛り上がった。ちなみに、トップを突っ走っていった「会長集団」は、登頂したあと、勢いそのままに、吉田口とは反対側に下山してしまい、言葉が通じず右往左往しているところを地元の警察に保護され、学会会場まで無事送り届けられた、というオチまでついた。このような破天荒な登山は、海外の人たちで日本の登山ルールを知らなかったこと、科学者の本質は常識を覆すことが仕事だから登山道のような他人の引いたレールをそのまま踏襲することを潔く思わなかったこと、などと一応説明できる。しかし、もっと本質的なことをいえば、私たちは日常生活のなかで品行方正に生きることを要求されているが、ときどき、そこからはみ出したくなる悪戯心が起こるということだ。何か、予期しないすばらしい経験が、仲間と一緒にできるのではないか、それに挑戦したとき、人はとってもいい表情になるのだ。

登山に限った話ではないが、運動によってヒトは心理的に明るくなる。先に述べた中高年者を対象とした5ヵ月間のインターバル速歩トレーニングにおいて、「うつ病自己評価尺度（CES－D：Center for Epidemiologic Studies Depression Scale）」の評価が16点以上（60点満点）で「うつ症状傾向あり」と診断された方が参加者の30％程度おられたが、そのほとんどが、5ヵ月間の同トレーニングで正常レベルに回復した。

「うつ」症状といえば、冬が長い北欧圏で社会問題となっているが、その治療法の一つとして、以前から運動療法が実施されている。その場合、患者の最大酸素消費量の80％以上という非常に高い運動を一定期間実施するとうつ症状の改善がみられるという。そのメカニズムについて、最近、脳由来神経栄養因子（BDNF：Brain Derived Neurotrophic Factor）が注目されている。この物質は脳組織から分泌され脳細胞を活性化する作用がある。これがうつ患者では低下しているが、運動によって増加し、それに伴って患者のうつ症状も改善するというのだ。

気の合った仲間とちょっとシンドイ登山を一緒にする。それだけで、身体的だけではなく、心理的にも改善効果があるようだ。

山からのメッセージ

さて、最後に少し長くなるが、もう一つ私の体験談を伝えておきたい。10年近く前、ある山にまつわる話である。山名を明かせないのは、この登山の顛末を信州大学の当時の学長に話したところ、エコロジーを専門としている彼に、自然保護の観点から決して山名を口外しないように、と固く口止めされているからだ。

その夏、山岳部に在籍している学生と二人、その山の頂上に突き上げている沢を遡行することに決めた。地下足袋を履き、ヘルメットをかぶり、ザイル、テント、釣り竿をザックにつめれば、例によってもう気分は現役の山岳部員だ。遡行を開始し、腰までつかる渡渉を何回か繰り返すうちに、30ｍを越える大きな滝に出くわした。滝の左岸を高巻きし、背丈以上のブッシュが覆う急な坂を腕力にものをいわせてよじ登る。1時間ほどのアルバイトで何とかブッシュから抜け出し、ザイルを用いて20ｍの懸垂下降で、滝の上部に無事着地した。

はたして、そこは別天地だった。しばらく歩くと、ニホンカモシカが、首をかしげながらじっとこちらを見ているし、足元からコソコソと逃げ出す黒と黄色のツートンカラーのサンショウウオ（学長から名前を教えてもらったが忘れてしまった）にもお目にかかる。真夏の上天気のなかどんどん進むと、川原にちょうどテントを張るのによい場所が見つかった。今日はここで1泊するとし、早速、晩御飯のおかずの岩魚釣りをすることになった。2度ばかり川底に糸をひっかけたように思った後、3回目を投げ込んで、しばらくして竿先を上げると、水面から今までに見たこともないような口を大きく開けた一尺大の岩魚が現れた。高ぶる気持ちを抑えながら、何とか岸に手繰り寄せたが、大きく跳ねる岩魚の衝撃に耐えかねて、糸が切れてしまった。川原でピョンピョン跳ねて逃げようとする岩魚、すべてをかなぐり捨てて岩魚に飛びかかる私、そのとき、私は明らかに岩魚に呼びかけていた「逃げるな、お前は俺のものだ、今後、私がするかもしれない生理学上の大発見と引き換えにしても、お前は俺のものだ」と。はたして私の願いが天に通じたのか、岩魚は降参した。

大きい岩魚を釣り上げて、意気揚々の私たちは、川原の流木を集めて料理用の焚き火を始めた。ところが、しばらくして岩魚の表面が焼けはじめたころ、あんなに晴れていた空が全天にわかに掻き曇り雨まで降ってきた。焚き火は消え岩魚も生焼けである。せっかく私たちに命を差し出してくれた岩魚を捨てるのは仏道に反すると、多少はまずかったが何とか食べ終えて、その夜はテントにもぐりこんだ。

雨は翌朝になっても止む気配をみせず、雨中の沢の遡行となった。いよいよ頂上直下2500m高度に到達したころ、意外にも狭くなった沢の上部に急峻な雪渓が現れた。両岸はほぼ垂直な絶壁で逃げられない。雪上登攀用の装備は持ってこなかったので、雪渓を3m登っては1m滑落することを繰り返す羽目になった。滑落中に、このまま雪渓の下端まですべり落ちて、滝つぼにはまって、岩魚の餌になるのか……、そうだ、俺は沢の「主」を釣り上げてしまったのだ、と思った。それでも、学生時代の雪上訓練が効を奏したのか、岩魚の呪いがさほど強くなかったのか、無事稜線にたどりついた。夜の8時だった。

いまだに思う。あの岩魚は、生まれてから私に釣られるまで、あの奥深い山の小さい滝つぼのなかで、四六時中じっと上流から流れ落ちてくる餌を待ち、それを食べて大きくなった。そして、マイナス30℃の凍りつく厳冬期も生きのびた。おそらく、それは途方もなく長い年月だったろう。

しかし、私は、この岩魚に思いをはせるとき、それを釣り上げてしまったという良心の呵責より、私たち人間社会とは全く別の世界で、全く別の時間が厳然と流れていることを感じる。そして、わずかな時間でもそれと接することができた喜びのほうが大きい。遡行中の、雨具のフードを叩く雨粒の音、霧にけぶる雪渓、頂上直下で暗闇のなかヘッドランプに照らしだされた黒百合の群落など、それらは何か「絶対的なもの」から私へのメッセージだったとさえ感じてしまうのだ。

これらのメッセージは山に行かなくても、日ごろの私たちの日常生活のなかで十分感じ取れるのだろう。けれども、日常生活のさまざまな雑音で感じにくくなっているのだと思う。一方、私たちは静かなところにいれば、それらのメッセージを感じることができるか、といえばそうでもない。そのような状況では、いろんな想念が頭のなかに浮かんでは消え、むしろ、頭のなかは結構さわがしいのだ。

山道を黙々と歩く、息を切らしながら崖をよじ登る、そのようなとき、ふっとした瞬間に「絶対的なもの」からのメッセージに気づくことがある。それは、おそらく巡礼にも通じるものなのだろうが、そのような体験が私たちを山にのめりこませる大きな理由のように思う。

このように、登山では日常生活では感じられないものを感じられることがある。それはなぜだろうか。残念ながら、私はそれを裏付ける明確な生理学的根拠を知らない。

しかし、一つの事実がある。私たちの日常の生理学の実験で観察されることだが、被験者の方に負荷ゼロで自転車をこいでもらったとき、その「心拍数」と単位時間あたりの「変動」は、安静時よりも運動時のほうが低いのである。心臓は迷走神経（副交感神経）と交感神経の二重支配を受けており、その両者の相対的な力関係で心拍数が決まる。負荷ゼロで運動しているときのほうが、安静時に比べ、少しではあるが代謝レベル（酸素消費量）が上昇する。それにもかかわらず心拍数が低下するということは、運動時のほうが安静時に比べ、迷走神経作用が優位であることを示唆し、さらに変動が少ないということは、交感神経との競合が低いことを示唆する。

なぜか。おそらく、安静時には、次の瞬間に起こるかもしれない環境の変化に対応する適切な行動をとるために、外界からのあらゆる刺激にアンテナを張って交感神経が準備態勢をとっているが、いったん、プログラムされた行為（運動）が始まればその準備の必要がなくなるからだろう。ベテランの舞台俳優でも、出演前には非常に緊張するが、演技が始まってしまうとかえって落ち着くという。それに似ている。

これは、いわゆる「雑念」が排除された状態で、山道を黙々と歩いている状況で起こる。山の頂上を目指すというプログラムが動きはじめると、心が安定するのだ。

さらに、もう一つ、私たちが経験することに「運動後低血圧症」というのがある。「ややきつい～非常にきつい運動」を一定時間おこなうと、その後、数時間にわたって血圧が低下するという事実である。この期間には、運動で消耗したエネルギー源が回復し、筋線維が修復されるが、体はそれらの反応を加速するために交感神経活動を抑制し筋血管を拡張させる。その結果、血圧が低下するのだ。

すなわち、体は、次の瞬間に起こるかもしれない環境に対応する行動の準備に入るより、むしろ完全な回復モードに入っており、その期間は「雑念」が起こっていないのだ。ちょうど、山の頂上でこれまで辿ってきた道を仲間と悠然と眺めている光景を想像すればよい。体がリラックスして、心も達成感で満たされているはずだ。

私たちの将来は不確定（不安）要素が多く、日々あれこれ、とりとめもないことを考える機会が多い。登山という行為はそれらの雑念を払拭して、私たちの体を「今、そこにある」外界からの刺激に素直に反応できる状態にしてくれるのである。

おわりに

最近は登山地図が市販され、そこに参考時間つきの登山コースが赤いラインで記してある。私が大学の山岳部に入ったころにも、そのような地図はすでに市販されていたが、先輩からは購入を固く禁止されていた。もっぱら使うのは国土地理院の5万分の1か2万5000分の1の地図である。理由は「自分の頭で考えて登山をすること」であった。今のようにGPSのなかった時代、コンパスと地図と周囲の景色から現在の自分の居場所を確定し、これからの行程に必要な時間をはじき出していった。

さらに天気図をラジオの短波放送を聞いて自分たちで描いた。それを基に、翌日の行程の計画を練った。たとえば、冬山の場合、北アルプスの天候が晴れるのは、日本海側に低気圧があり、西高東低の気圧配置が緩んだときに限られているので、その低気圧が北アルプスに到達する数時間が行動できる。したがって、危険が予想される箇所をそのときまでに通過して……といったことを仲間と作戦会議で話し合った。あるいは、春、中国大陸の東海上に低気圧が発生したら、それが何時間で九州に到達し、そこで、九州山地にぶつかって二つにわかれて、南北の二つ目玉の低気圧になって日本列島を縦断する可能性がある。このような低気圧を標高3000mの主稜線上でまともに食らったら、テントなどは役に立たず凍死の危険があるので、何日の何時までには、必ず風雨の防げる小屋のある場所まで到着せねばならない……、などである。

そして、体力、技術が劣っている下級生のことを考慮してコースタイムを割り出していくのが、上級生の役割だった。私が下級生のころ、このような決断の時の上級生は非常に逞しく見えたし、自分がその立場になったとき、責任の重さを痛感した。このような経験を積んでいくと、登山計画を提案するために、地図を眺めるだけで、登山時の情景が浮かんでくるようになる。樹林帯の様子、森林限界から頂上に至る稜線の景色、そしてその稜線から遠くにどのような山々が見えるか、などである。

このように、登山をする際に、リーダーがメンバーのことを考え、そしてメンバー各自が主体性を持って準備をした登山なら、それが無事成し遂げられたときの充実感は、そこで味わったすばらしい景色とともに、一生忘れられないものになるだろう。

入念な準備をするには、正確な知識が必要である。本書がその知識を得るための一助になれば幸いである。

2014年6月

能勢　博

謝辞

この本の執筆の機会を与えていただき、文章の校正をしていただいた講談社　中谷淳史氏に厚く御礼申し上げます。また、常念診療所のデータを提供していただいた現・信州大学医学部山岳部常念診療所長・同大学麻酔蘇生学教室の川真田樹人教授と医学部山岳部の学生諸氏に御礼申し上げます。さらに、この本で引用した研究を一緒にしていただいた京都府立医科大学・旧第一生理学教室の皆様、信州大学大学院医学系研究科スポーツ医科学教室の皆様、ＮＰＯ法人・熟年体育大学リサーチセンターの皆様に御礼申し上げます。そして、京都山岳会・ボゴダ・オーラ峰の遠征隊の皆様をはじめ、これまで私と登山に同行していただいた方々に御礼申し上げます。最後に、私にこれまで登山を許し支援してくれた家族に感謝します。

参考文献・出典

【全般的に参考にしたもの】

医科生理学展望（原著）6版、丸善、東京、1975.

温熱生理学、理工学社、東京、1981.

Rowell L.B. Human Circulation：Regulation during Physical Stress, Oxford University Press, New York, 1986.

やさしい生理学（改訂第6版）、南江堂、東京、2011.

標準生理学（第8版）、医学書院、東京、2014.

【糖質・タンパク質摂取効果について参考にしたもの】

Okazaki K. et al.：J. ApplPhysiol. 107：725 – 733, 2009.

Goto M. et al.：J. Appl. Physiol. 109：1247 – 1255, 2010.

【インターバル速歩トレーニングに関して参考にしたもの】
Handschin C. and Spiegelman B.M.：Nature 454：463 − 469, 2008.
Nose H. et al.：J. Physiol.（Lond.）587：5569 − 5575, 2009.
Nakajima K. et al.：Int. J. Sports Med. 30：1 − 5, 2010.
Morikawa M. et al.：British J. of Sports Med. 45：216 − 224, 2011.
能勢　博、「歩き方を変える」だけで10歳若返る、主婦と生活社、東京、2013.

【図の出典】
図1　Shimizu M. et al.：Eur. J. Appl. Physiol. 112：1077 − 1086, 2012.
図2　吉崎和男：筋運動のエネルギー、「やさしい生理学」改訂第6版、南江堂、東京、pp200 − 204, 2011.
図3　Astrand et al. Textbook of Work Physiology. p552, McGraw-Hill, 1986.
図4　Astrand et al. Textbook of Work Physiology. p544, McGraw-Hill, 1986.
図5　Astrand et al. Textbook of Work Physiology. p553, McGraw-Hill, 1986.
図6　Astrand et al. Textbook of Work Physiology. p337, McGraw-Hill, 1986.

図7　Astrand et al. Textbook of Work Physiology. p343, McGraw-Hill, 1986.
図8　Yamazaki T. et al.：Med. Sci. Sports Exerc. 41：2213－2219, 2009.
図10　経産省：平成17年度　電源地域活性化先導モデル事業「熱年体育大学リサーチコンソーシアム（JTRC）」調査研究報告書　p102, 2006.
図11　宮川　健　他：体力科学　58：834, 2009.
図12、図13　長野県警察ホームページ
図14、図15　信州大学医学部山岳部・常念診療所活動報告書（２０１１年度）
図16　Okazaki K. et al.：J. Appl. Physiol. 107：725－733, 2009.
図17　Nemoto K. et al.：Mayo Clinic Proceedings. 82：803－811, 2007.
図20、図21　Young A. et al.：Human physiological responses to cold exposure. In：The 1997 Nagano Symposium on Sports Sciences. Ed. Nose H. et al., 273－286, 1998
図22　Okazaki K. et al.：J. Appl. Physiol. 107：770－779, 2009.
図23　医科生理学展望（原書6版）、丸善、東京、p482, 1975.
図24　医科生理学展望（原書6版）、丸善、東京、p493, 1975.
図25　Operation Everest II. Ed. by Houston C.S. et al., US Army Research Inst. of Environmental Med., Natick, Mass., p336, 1991.　図内のシンボルの違いは、異なった論文から引用されたことを示す

図26　中日新聞、２００９年3月12日。
図27　Miyagawa K. et al.：J. Appl. Physiol. 110：157－165, 2011.
図28　能勢　博　他：ボゴダ峰（５４４５ｍ）登山における生理学的変化、日本生気象学会雑誌　19：52－58, 1982.
表6　見て覚える食品の栄養価、食品80キロカロリーガイドブック、香川綾編、女子栄養大学出版部、１９９１年、著者改変

定されるので改善しようもないが、たとえば、血液量を上昇させて*SV*を上げる、ヘモグロビン濃度を増加させてC_aO_2を上げる、筋肉でのO_2の抽出率（利用率）を増加させて、C_vO_2（ヘモグロビンの酸素飽和度）を下げる、のいずれかを目指せばよい。

Aさんの例で、安静時の酸素消費量を考察してみる。安静時の心拍数（*HR*）が60（拍/分）、一回心拍出量（*SV*）が80（mL/拍）、血液中の血色素（ヘモグロビン）濃度が0.13g/mL血液と仮定し、さらに血色素1gあたり1.34mLの酸素が結合し、動脈血では全部の血色素が酸素と結合しているから、動脈血酸素含有量（C_aO_2） $=0.13\times1.34=0.174$（mL酸素/mL血液）となる。一方、静脈血では血色素に結合している酸素が動脈血の60%（ヘモグロビンの酸素飽和度と呼ぶ）なので、$C_vO_2=0.6\times C_aO_2$となり、結局、安静時の$VO_2=60\times80\times(0.174-0.6\times0.174)=334$（mL/分）となり、ほぼ実測値350（mL/分）と一致する。

次に、登山開始時には、心拍数（*HR*）が120（拍/分）、一回心拍出量（*SV*）が安静時よりやや上昇して110（mL/拍）とし、動脈血酸素含有量（C_aO_2）は安静時とかわらず0.174（mL酸素/mL血液）、静脈血のヘモグロビンの酸素飽和度が安静時に比べ40%に低下していると仮定すれば、$VO_2=1378$（mL/分）となり、ほぼ、図1の1100＋350（安静時）＝1450（mL/分）と一致する。

ここまで来ると、Aさんが最大強度の運動をしたとき、これらの値がどのようになっているのか推定したくなる。最大心拍数を155（拍/分）、一回心拍出量（*SV*）を110（mL血液/分）、動脈血酸素含有量（C_aO_2）を0.174（mL酸素/mL血液）とし、静脈血の酸素飽和度を20%とすれば、酸素消費量（VO_2）＝2373（mL/分）となり、ほぼ、2450（mL/分）の実測値と一致する。

すなわち、この式でわかることは、Aさんなど、中高年者の持久力を上昇させるためには、最大心拍数は年齢で決

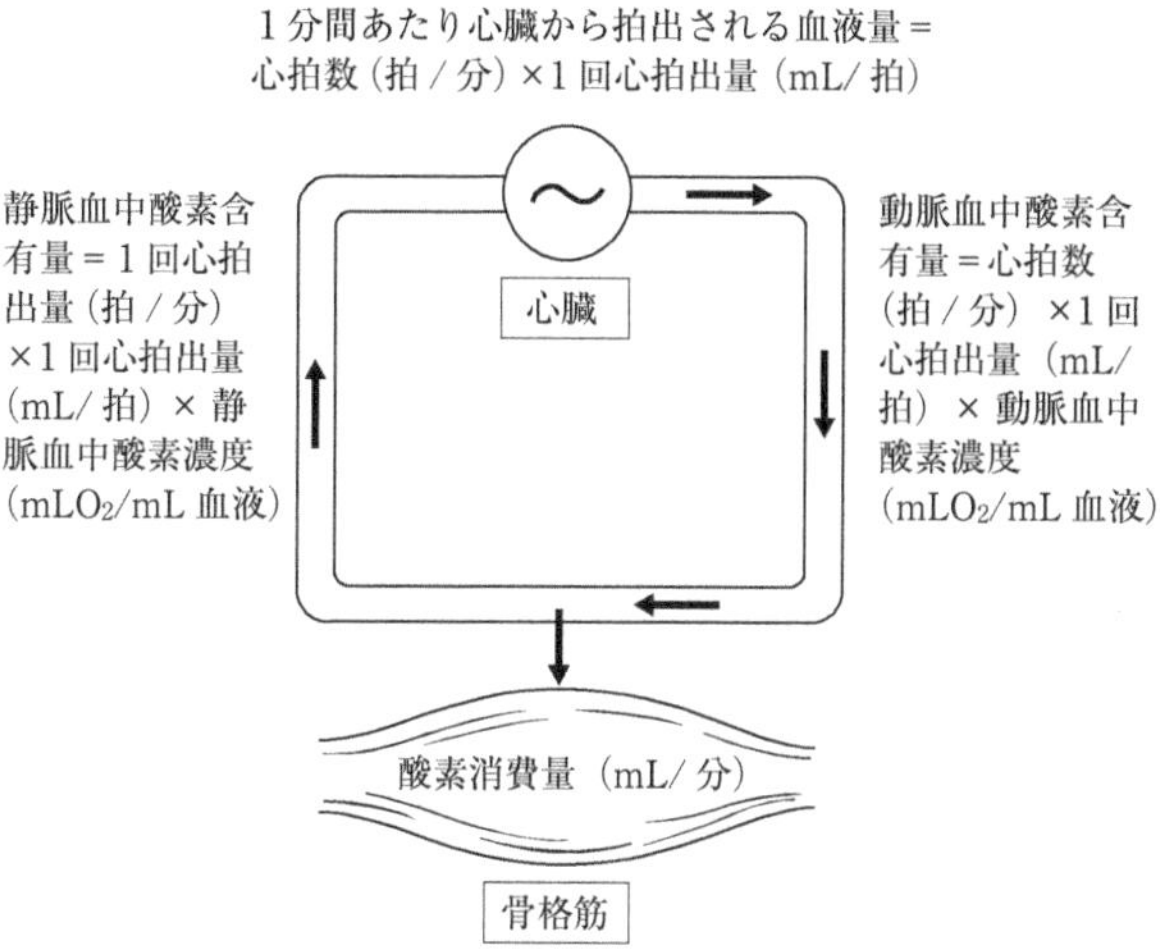

［図29］Fickの原理

酸素量（C_aO_2）の積、すなわち、$HR \times SV \times C_aO_2$（mL酸素/分）で表すことができる。

次に、筋肉で消費される酸素の量は1分間あたりVO_2なので、筋肉でその分を抜き取り、心臓に送り返される酸素の量は、$HR \times SV \times C_aO_2 - VO_2$（mL酸素/分）で表すことができる。一方、筋肉に送られた血液は、そこで滞ることなくそのまま心臓に戻される。その量は、$HR \times SV$（mL血液/分）である。また、その血液に溶け込んでいる酸素の量は、C_vO_2（mL酸素/mL血液）なので、筋肉から心臓に送り返される酸素の量は、$HR \times SV \times C_vO_2$（mL酸素/分）、で表される。したがって、$VO_2 - HR \times SV \times C_aO_2 = HR \times SV \times C_vO_2$が成立し、これを整理すると、上記の式となる。

$-60)/[(220-X)-60]+60$（拍/分）に相当する。それを10で割ればボルグ指数となる。

4 酸素消費量の計算式

生理学のFickの原理によれば、酸素消費量は、以下の式で表すことができる。

VO_2(mL/分) ＝HR（拍/分）×SV(mL血液/拍）×【C_aO_2(mLO_2/mL血液）－C_vO_2(mLO_2/mL血液)】

ここで、VO_2は酸素消費量で、1分間あたり何mLの酸素を体内で燃焼させることができるかの指標である。HRは心拍数で、1分間あたりの心臓の拍動数。SVは一回心拍出量で、心臓が1回収縮して拍出できる血液量。C_aO_2は、動脈血酸素含有量で、心臓から全身に拍出される動脈の血液1mLあたりに溶解している酸素の量。C_vO_2は、静脈血酸素含有量で、心臓に戻ってくる静脈血液1mLあたりに溶解している酸素の量である。

さて、式を順次説明しよう。

図29を見ていただきたい。

登山時に増加する酸素のほとんどは筋肉で消費される。心臓から筋肉に供給される酸素の量は1分間あたりの心臓から拍出される血液量($HR×SV$)と、それに溶解している風速が1(m/秒)、Tskinが33℃、Taが15℃と仮定する。さらに、Tシャツ、半ズボン姿で大気に暴露された正味の皮膚表面の面積を裸体体表面積の50%と仮定すると、対流熱伝導率(hc)=12(kcal/m^2/時/℃)、有効熱放散体表面積($A \times \alpha$)=0.88(m^2)となる。したがって、放散熱量=190.08(kcal/時)となり、汗による放熱量が1.84(kcal/分)、対流による放熱量が、3.17(kcal/分)で合計が5.01(kcal/分)となり、産熱量5.53(kcal/分)とほぼ一致する。これが保たれている限り理論上体温は上昇しないことになる。

3 ボルグ指数の求め方

最高心拍数(拍/分)は「220－年齢」で表される。したがって、20歳の若年者の最高心拍数は200拍/分である。この心拍数と主観的運動強度は比例するため、ボルグ指数は20歳の若年者の心拍数を10で割った値をスケールとした。

では、60歳の人の運動時の心拍数が150拍/分のときのボルグスケールはどのように求めればよいか。60歳の人では、最高心拍数は220－60＝160拍/分となる。安静時の心拍数を若年者と同様60拍/分と仮定すれば、この心拍数は20歳の若年者に換算すると、[(150－60)×(200－60)/(160－60)]＋60＝186拍/分となり、ボルグ指数は19ポイントで「非常にきつい」になる。

一般に年齢がX(歳)の人の運動時の心拍数をY(拍/分)とすれば、それは20歳の若年者では(Y－60)×(200

伝導・対流というと実感がなく難しく思われるかもしれないが、たとえば、今、読者の目の前にある机に手の平を置くと冷たく感じるはずである。それは、皮膚の表面から机に熱が伝導されているのだ。一方、対流とは、熱が気体や液体に伝導される場合をいう。

ヒトが裸体で安静または運動しているときの皮膚表面からの対流によって大気中への体熱の1時間(h)あたりの放散熱量は、

$$Q = hc \times A \times \alpha \times (T\mathrm{skin} - T\mathrm{a})$$

で表される。ここで、Qは放散熱量(kcal/時)、hcは対流熱伝導率(kcal/m^2/時/℃)、Aは体表面積(m^2)、αは衣服に覆われない皮膚表面の割合、Tskinは平均皮膚温(℃)、Taは大気温(℃)である。

さらに、

$$hc = 12\sqrt{V}\,(\mathrm{kcal/m^2/時/℃})$$
$$A = W^{0.444} \times H^{0.663} \times 88.83/10000\,(\mathrm{m^2})$$

で表される。ここで、Vは風速(m/秒)、Wは体重(kg)、Hは身長(cm)である。

今回の実験では、Aさんの体重は70(kg)、身長170(cm)である。また、歩行速度1(m/秒) で体に受ける相対的な費量に換算できる。

2 皮膚表面からの熱放散の計算式

Aさんの常念岳登山において、上りにどれくらいの熱量が発生するかを計算してみる。本文で述べたように、上りのエネルギー消費量は6.91kcal/分だが、体と荷物の移動という外界に対してする仕事に使われるエネルギーを多めに見積もってその仕事効率を20%と仮定すると、残りの80%は熱になる。すなわち、5.53kcal/分の熱が随時産生されていることになる。

では、Aさんの常念岳登山において、仮に汗だけで体温上昇を抑えるには、上りでどれくらい汗をかけばよいのだろうか。1mLの汗が体表からすべて蒸発すれば、0.59(kcal/mL)の気化熱を奪うので、5.53(kcal/分)/0.59(kcal/mL)=9.37(mL/分)となる。すなわち、上りの4時間で2248(mL)となる。実際の実験で、体重変化から発汗量を求めると、1500(mL)でこの値の67%である。また、相対湿度が100%だったら汗は蒸発しないことを考えれば、実際の相対湿度が50%なので全体の50%の汗しか有効に蒸発しなかったと推定できる。すなわち、1500mLの発汗量のうち50%が有効に蒸発したと仮定して、汗による熱放散速度は1.84(kcal/分)となる。したがって、残りの熱放散は皮膚温と大気温の温度差によって伝導・対流によっておこなわれていたことが推定できる。

Ａさんの例の場合、相対運動強度が60％として、１分間あたりの酸素消費量をmolで表すと、標準状態（0℃、１気圧）の1(mol)の酸素体積は22.4(L)だから、1(mol)×1.45(L)/22.4(L)＝0.065(mol)となる。上記の燃焼方程式において、登山中にm(mol/分）のブドウ糖、n(mol/分）の脂肪酸が燃焼したと仮定すると、6m(mol/分）＋23n(mol/分）＝0.065(mol/分)、m(mol/分）/n(mol/分）＝6/4＝1.5となり、この連立方程式を解いて、m＝0.00305(mol/分)、n＝0.00203(mol/分)、となる。したがって、１分間あたりのブドウ糖、脂肪酸によるエネルギー消費量は、

ブドウ糖：670(kcal/mol)×0.00305(mol/分）＝2.04(kcal/分)、脂肪酸：2400(kcal/分）×0.00203(mol/分）＝4.87(kcal/分)

となり、合計6.91(kcal/分）となる。すなわち、４時間の登山行程では、Ａさんのエネルギー消費量は、1658(kcal)となる。また、安静時のエネルギー消費量を1(kcal/分)と仮定して240(kcal)を差し引くと、上りの４時間に要する正味のＡさんのエネルギー消費量は1418(kcal)となる。また、ブドウ糖は180(g/mol)、脂肪酸は256(g/mol)だから、この行程で安静時分も含め、それぞれ、132(g)、125(g)燃焼することになる。

以上から、個人の最大酸素消費量を測定し、登山中のエネルギー消費量を酸素消費量で表しておけば、カロリー消

1 運動時のエネルギー源を求める計算式

酸素消費量から、運動時にどれくらい体内でブドウ糖と脂肪が消費されるのか算出でき、したがってエネルギー消費量が算出できる。そのためには、まず、昔、高校生のときに習った体内の炭水化物の燃焼方程式で、

ブドウ糖：　$C_6H_{12}O_6 + 6O_2 = 6CO_2 + 6H_2O + 670kcal$

脂 肪 酸：　$C_{16}H_{32}O_2 + 23O_2 = 16CO_2 + 16H_2O + 2400kcal$

というのを思い出していただく。ここで、ブドウ糖は体内に蓄えられたグリコーゲンが分解されて供給される。脂肪酸は、体内の脂肪組織に蓄えられた脂質が脂肪酸とグリセロールに分解されて供給される。ここでは、脂肪酸の代表として最もポピュラーなパルミチン酸の燃焼方程式を用いる。安静時のブドウ糖と脂肪の燃焼比率は4：6だが、これは運動時にあてはまるものではなく、最大体力に対する相対的な運動強度に比例してブドウ糖の割合が上昇していく（図4）。すなわち、60%で6：4になり、90%で1：9となり、最大体力での運動時には、燃焼する炭水化物のほとんどがブドウ糖になる。

（な・は行）

（ま・や・ら行）

さくいん

N.D.C.786.1　190p　18cm

ブルーバックス　B-1877

山《やま》に登《のぼ》る前《まえ》に読《よ》む本《ほん》
運動生理学からみた科学的登山術

2014年 8 月20日　第 1 刷発行
2024年 8 月 5 日　第 9 刷発行

著者　能《の》勢《せ》　博《ひろし》
発行者　森田浩章
発行所　株式会社講談社
〒112-8001 東京都文京区音羽2-12-21
電話　出版　03-5395-3524
販売　03-5395-4415
業務　03-5395-3615
印刷所　（本文表紙印刷）株式会社ＫＰＳプロダクツ
（カバー印刷）信毎書籍印刷株式会社
製本所　株式会社ＫＰＳプロダクツ

ISBN978-4-06-257877-6

発刊のことば

科学をあなたのポケットに

二十世紀最大の特色は、それが科学時代であるということです。科学は日に日に進歩を続け、止まるところを知りません。ひと昔前の夢物語もどんどん現実化しており、今やわれわれの生活のすべてが、科学によってゆり動かされているといっても過言ではないでしょう。

そのような背景を考えれば、学者や学生はもちろん、産業人も、セールスマンも、ジャーナリストも、家庭の主婦も、みんなが科学を知らなければ、時代の流れに逆らうことになるでしょう。

ブルーバックス発刊の意義と必然性はそこにあります。このシリーズは、読む人に科学的に物を考える習慣と、科学的に物を見る目を養っていただくことを最大の目標にしています。そのためには、単に原理や法則の解説に終始するのではなくて、政治や経済など、社会科学や人文科学にも関連させて、広い視野から問題を追究していきます。科学はむずかしいという先入観を改める表現と構成、それも類書にないブルーバックスの特色であると信じます。

一九六三年九月

野間省一